scene

人生風景・故事現場

scene 02

我要活下去

安地斯山空難如何啟發我拯救生命的天職

作　　者　羅貝托・卡尼薩醫師（Dr. Roberto Canessa）&帕布羅・維爾奇（Pablo Vierci）
譯　　者　李建興
主　　編　曹　慧
美術設計　三人制創
社　　長　郭重興
發行人兼出版總監　曾大福
總 編 輯　曹　慧
編輯出版　奇光出版
E-mail: lumieres@bookrep.com.tw
部落格：http://lumieresino.pixnet.net/blog
粉絲團：https://www.facebook.com/lumierespublishing

發　　行　遠足文化事業股份有限公司
http://www.bookrep.com.tw
23141新北市新店區民權路108-4號8樓
電話：(02) 22181417
客服專線：0800-221029　傳真：(02) 86671065
郵撥帳號：19504465　戶名：遠足文化事業股份有限公司

法律顧問　華洋法律事務所　蘇文生律師
印　　製　成陽印刷股份有限公司
初版一刷　2016年11月
定　　價　350元

國家圖書館出版品預行編目資料

我要活下去：安地斯山空難如何啟發我拯救生命的天職 / 羅貝托・卡尼薩醫師(Dr. Roberto Canessa), 帕布羅.維爾奇(Pablo Vierci)著；李建興譯. -- 初版. -- 新北市：奇光出版：遠足文化發行, 2016.11
面；　公分
譯自：I had to survive : how a plane crash in the Andes inspired my calling to save lives

ISBN 978-986-92761-9-1 (平裝)

1.航空事故　2.報導文學　3.安地斯山

557.909　　105017447

線上讀者回函

我要活下去

安地斯山空難如何啟發我拯救生命的天職

I Had to Survive

How a Plane Crash in the Andes Inspired My Calling to Save Lives

羅貝托・卡尼薩醫師Dr. Roberto Canessa & 帕布羅・維爾奇Pablo Vierci

李建興 譯

Contents

獻給所有遭受苦難而尚未發現有希望的人。
羅貝托・卡尼薩

獻給羅貝托，對我們所有人的啟發。
帕布羅・維爾奇

飛機失事現場地圖

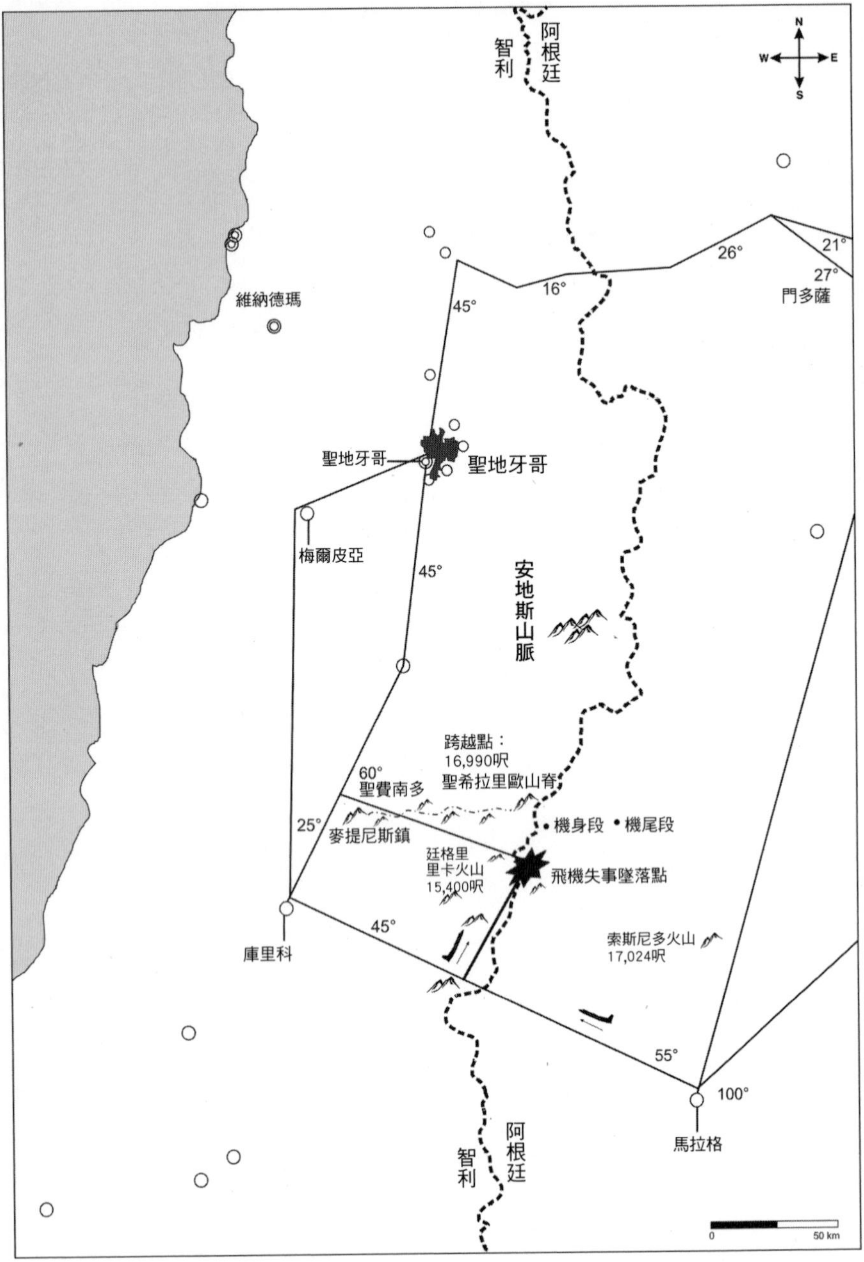

智利
阿根廷
N
W
E
S
21°
26°
27°
門多薩
16°
45°
維納德瑪
聖地牙哥
聖地牙哥
梅爾皮亞
45°
安地斯山脈
跨越點：
16,990呎
60°
聖費南多
聖希拉里歐山脊
25°
麥提尼斯鎮
機身段
機尾段
廷格里
里卡火山
15,400呎
飛機失事墜落點
45°
庫里科
索斯尼多火山
17,024呎
55°
100°
馬拉格
阿根廷
智利
0
50 km

Part One

第一部

第1章

生死之間的界線在哪裡？

我盯著超音波機器的螢幕，研究即將出生的胎兒心臟。我慢慢來，看著螢幕上的小手小腳，感覺就像我們隔著螢幕在溝通。我對這個即將誕生的小生命——還有這顆為了活命必須修補的心臟很是著迷。

前一刻我還盯著超音波螢幕，此刻我卻望著扭曲機身的窗外，掃描地平線，看看我那嘗試探路的朋友是否會活著回來。自從一九七二年十二月二十二日，我們逃過安地斯山脈的墜機失聯超過兩個月後，我自問過一大堆不斷在改變的問題。其中最重要的是：當所有機率都對你不利，你會怎麼辦？

我轉向躺在烏拉圭首都蒙得維地亞（Montevideo）的義大利醫院二樓輪床上的懷孕媽媽。在她子宮裡成長的孩子少了最重要的心室，該怎麼告訴她最好？直到短短幾年前，有這種先天心臟缺陷的新生兒無辜地抱病來到這個世界，出生不久就會夭折。他們留下的唯一痕跡是短暫的痛苦與家人的長期創傷。

但是幸好，醫學有了大躍進，這位面露驚惶的母親阿茲森娜現在可能有希望了。這對母女和丈夫以及另外兩名子女，還有一段漫長艱辛的路要走。就像我穿越安地斯山脈那樣的未知道路。我和朋友很幸運最後離開山區，抵達麥提尼斯鎮（Los Maitenes）的翠綠山谷。雖然我明知他們無法全部撐過這段路而心情沉重，我還是極力想帶領這些孩子去那裡，到他們自己的翠綠山谷。

這是我身為醫師的兩難。我看著已經被母親命名瑪麗亞．戴．羅沙里歐的孩子，發覺自己在生死之間跌跌撞撞。現在她暫時活著，拴在母親子宮內的胎盤上，但往後怎麼辦呢？我該建議一連串冗長又曠日費時的手術，讓她有機會活下來嗎？冒這麼大風險花這麼多錢值得嗎？我有時候難以承受這類困境的相似性。

我們終於離開殘骸翻過通往智利那座谷地的山峰和峽谷時，遭遇到一大片無人荒地。在零下三十度那種天氣中幾乎不可能存活，沒有任何裝備又瘦了將近七十磅。大家都以為我們不可能由東向西步行五十幾哩直接越過安地斯山脈，因為以我們的虛弱狀態，沒人能夠承受這種艱苦。

我們可以選擇留在子宮般安全的機身裡，直到我們耗盡保命的少數糧食，亦即我們同伴的遺體，機身也變得無法居住為止。就像嬰兒從母親那裡得到養分，我們也依靠世界上最珍貴的東西，我們的親友。我們該留下還是離開？擠成一團還是前進？途中我們唯一有用的裝備是從飛機的加溫系統管線拆下的隔熱層，再用銅線縫合拼湊出來的睡袋。看起來就像從垃圾掩埋場挖出來的東西。

這孩子仍是胎兒，仍然連接著她的營養來源，可以活一陣子，就像我們在機身裡。但是有一天，就像我們，如果她要活就必須切斷臍帶，因為我們在跟時間賽跑。我是最後一個決定冒險離開的人，所以不斷回想起這個強烈又揮之不去的影像。我們何時該切斷臍帶？何時又該主動承受折磨，嘗試越過凶險的山脈？我知道倉促決定徒步過山，就像對這些先天心臟缺陷的孩子來說，操之過急的處置會有很大的風險。

我深思熟慮很久才作下決定。其中有太多因素，但我知道我們只剩最後的機會。費南多（南多）·帕拉杜了解我的懷疑，因為他也很謹慎，只是他怕讓其他倖存者失望而不敢大聲說出來。每死一個人，我們的一部分也跟著死去。直到古斯塔夫·澤比諾告訴我我們最勇敢的朋友努馬．圖卡提死了，我才決定該走了。是時候離開安全的機身，帶著無法適應外界的一顆心生下來了。我的朋友阿圖羅．諾蓋拉在墜機時雙腿骨折後來過世，他告訴過我：「你真幸運，羅貝托，你可以代替我們這些人走路。」否則今天在這裡的可能是他，不是我。

當年我十九歲，就讀醫學院二年級，打英式橄欖球，飛機於一九七二年十月十三日墜落山區，我那時的女友叫蘿莉．蘇拉可。在山上那七十天簡直是災難與求生醫學的速成課程，我天職的火花變成了熊熊火焰。那是最殘酷的實驗室，我們都是白老鼠——而且我們心知肚明。在險惡的試驗場裡，我對醫學有了新的體悟：治癒的意義就是活下去。從此以後我學到的東西都無法比擬這個卑微的源頭。

在我工作的醫院裡，有些同事在背後或當面批評我，說我太專橫、太魯莽、藐視規則、行為逾矩——當年在山上的同伴也這樣指責過我。但病患不在乎醫療企業的社會規範；他們上醫院然後回家，不再受制於規則。我的作風就是山的作風。艱苦，毫不留情，在無情荒野的鐵砧上鍛鍊成鋼，只有一件事情重要：拚命活下去。

第2章

一九七二年十月十三日

當我閉上眼睛，經常穿越時空，發現我回到了墜機當天的淚之谷。那一刻之前，我和朋友一直活在可預料的世界。然後，突如其來，我們人生的期望有了個裂縫——我們被迫漂流在時間宛如凍結的永恆地獄邊緣。

那是一九七二年十月十三日下午三點二十九分。我望向機窗外，驚訝地看到安地斯山脈的山頂很接近我們這架費爾柴德 FH-227D 客機的機翼。我們來自 Stella Maris（基督徒兄弟）學院的橄欖球隊向烏拉圭空軍租用了這架四十五人座的渦輪螺旋槳飛機，載著球員、校友和球迷去智利比賽。

突然，我感覺飛機掉進一團亂流裡。然後又一次。飛機想要拉高增加高度。雖然機師把引擎催到底，推力還是不夠。稍後，一側機翼被山頂撞掉而發出淒厲聲響。接著是一次驚天動地的爆炸，伴隨金屬崩壞擠壓的聲音，然後旋轉下墜。

我們宛如陷入颶風被甩來甩去。我震驚、暈眩，同時飛機在震耳欲聾的爆炸中撞擊與翻倒，感覺像以超音速滑落山腰。我驚覺我們的飛機墜落在安地斯山脈——而且我死定了。這種意外沒人能夠逃得了，不論是人還是機器，血肉之軀還是鋼鐵之身，全都會扭曲變形，摔個粉碎。我死命抓著我的座椅，內臟撞來撞去，還赤手空拳抓掉了幾塊纖維布。我低下頭，準備迎接會讓我昏迷的最後一擊。**死亡會是什麼感受？我會呼吸困難，喪失視力嗎？世界會變成一團黑嗎？我能忍受多少痛苦？我必須看著自己身體肢離破碎嗎？還是會保持清醒直到死前最後一刻？我何時才會失去意識？**

我們迅速急停下來，我被安全帶綁住的座椅被扯離原位，撞進前方的座椅中，連鎖反應直到我們的幾排座椅堆積在駕駛艙邊才停止。**但我還在呼吸。**我不禁想或許我已經死了，因為我無法相信自己還活著。當時我還沒意會到死神將一點一滴地蠶食我們。

我暈了過去幾秒鐘。醒來時，還搞不太清楚狀況。我的視線不清，頭暈腦脹，全身疼痛，但又說不出是哪裡痛。我聽到模糊的呻吟聲，聞到了飛機燃料的刺鼻臭味。往背後看，我看到機身敞開。不敢相信自己的眼睛：機身已四分五裂，機尾段則消失不見。

我們所處的剩餘機身則置身在群山之中，暴風雪把擋路的一切東西都颳走，用寒冷鞭打我們。脫離螺絲釘、七零八落的座椅上開始有人的頭和手在動。隔著走道坐我旁邊的弗拉可．瓦斯奎茲看著我求助。他蒼白、困惑又驚嚇……我背後有人搬走困住我的座椅與金屬堆。我一轉頭看到古斯塔夫．澤比諾。他看我的表情彷彿在說：**你還活著！**我們默默自問：**現在怎麼辦？我們從何開始？**但是另一個仍震驚不已的朋友卡利托．裴茲終於開口說話，他只說：「卡尼薩，這是空難，對吧？」

我看過去發現弗拉可．瓦斯奎茲的腿受傷了，我們必須幫他止血。一刻也不能耽誤。採取行動的本能發揮，幫助我踏出了前幾步。我並不是沒有懷疑；只是沒時間猶豫了。

我開始走來走去，被不明東西——應該說是被人絆倒：艾瓦洛．曼吉諾躺在他的座位下，被扭曲的鋼鐵困住。古斯塔夫抬起座椅讓我把艾瓦洛拖出來。他的右腿被金屬壓住，我幫他掙脫後，看得出他的腿骨折了。我叫艾瓦洛專心想其他事情，然後迅速接上斷骨。艾瓦洛的臉頰淌下眼淚，但他連哼都沒哼一聲。我用古斯塔夫給我的一件撕開的襯衫緊緊包紮好他的腿。在我們找到更好的東西做夾板之前只能湊和了。

我們繼續在殘骸中搜索。下一個遇到的人是大塊頭安立奎．普拉特羅。他指著身體下方，叫我們看被一片金屬插入的肚子，彷彿那是別人的身體。我們不曉得傷口有多深。古斯塔夫叫他轉過頭去，拔出金屬，連著一塊腹部脂肪一起拉了出來。我把脂肪塞回去，然後用一件球衣當繃帶包住。「謝謝。」普拉特羅說。

寒冷立刻彌漫四周。艙內原本是攝氏二十四度，現在變成零下十二度，我們被飛舞的冰雪包圍。我們打開行李尋找外套和毛衣，還有可以當繃帶用的T恤。

我看到我們隊長馬切洛．裴瑞茲．戴．卡斯提洛，還有幾個人正在幫助其他生還者。許多乘客被扭曲鋒利的碎片困住，開始像來自靈界的陰影一樣搖晃，我們努力在艙內清出一條路。一小段距離外，古斯塔夫加入丹尼爾．費南德茲和蒙丘．薩貝拉，正在努力和負傷的副駕駛商量發生了什麼事——以及接下來會怎麼樣。

「這個還活著……這個死了。」我們巡邏殘破的客艙時古斯塔夫說，他往下伸手去檢查第三個人的脈搏。我們包紮一個，安撫另一個……

天啊，我好累。為何呼吸這麼吃力？我看向飛機後方，從巨大的破洞看得到外面的冰雪世界，無視我們的驚恐與困境的世界。我第一次這麼問自己，**這是什麼鬼地方？**

難道我們墜落在高山上？怎麼可能一架裝滿燃料的飛機撞上山脊卻沒有發生大爆炸？

我往外看發現我的死黨巴比．法蘭索瓦坐在積雪中一件行李上，一面搖頭，一面不斷咕噥：「我們完蛋了。」

不知不覺間，天色開始變黑。頓時變得伸手不見五指。我們用打火機照明，同時也害怕可能引燃滲透周圍所有東西的飛機燃油。又有三個打火機亮起，冰凍的強風吹襲我們，火焰在黑暗破碎的客艙中閃爍減弱。

這種高度的空氣稀薄到我完全精疲力盡。我雙手沾滿死者和傷患的鮮血。我找到一個角落可以休息又不會壓到傷者、斷肢或遺體。駕駛艙附近，構成行李艙的網子有兩根鋁棒支撐，形成類似吊床。我到了那裡，發現有人跟我想法一樣，我不認識的人，科切．因夏提。我們擠在一起，在黑暗中發抖不已，躺著睡覺。我閉上眼睛努力喚醒所有理智。

起初，我覺得自己真倒楣。但後來，我移動疲倦的肌肉，感覺身體回應大腦的每個命令時，感受就完全相反：世上沒有更幸運的人了，為此，我應該永懷感激。

第3章

我媽是個勇敢美麗的女人，但她有個怪癖：她一緊張，講話就會結巴。然而，她從不因此退縮。這反而讓她更有決心，更大膽，知道自己是對的，就不會受批評或尷尬影響。我從未真的察覺她有口吃。

至於我爸的家族，則全是有義大利公民權的熱那亞後裔，專長在醫療。我曾祖父是醫學院的傑出成員，我爸在醫學院也是地位崇高的心臟病學教授。

老爸優雅又體面，老媽從不擔心把兒子們打扮成有錢人。我爸的穩重個性像陰極，相對於我媽的陽極，我想這就是他們多年來相處融洽的原因。他們個性互補，讓我家兄弟姊妹享有罕見的家庭生活，在這個家裡每一天都很新鮮。結果養出了四個截然不同的小孩。

我媽出身感情緊密的大家族。因為外公早逝，姨媽們還沒生下自己的小孩，我成了家族裡三十幾歲阿姨們的溺愛焦點。我媽問過我爸可否把我命名紀念她的亡父，於是我被取名羅貝托・侯黑。

我的家庭認同荷西・佩卓・瓦雷拉[1]在一八七六年於烏拉圭創立的免費、世俗化的義務教育，我們是拉丁美洲第一個有國民教育制度的國家，所以教育在我家就像宗教一樣。老師和教授是社會上最重要的人。教育對我們的生活重要到我媽認養一個男童孤兒很多年，只為了確保他能夠畢業。

因為我是龐大家族裡唯一的男生，家人都很寵我。他們給我很多自由，我變得調皮搗蛋。阿姨們讓我接觸各種藝術和音樂。整個童年，我寫他們喜歡朗讀或要我朗讀的詩，接觸古斯塔夫・阿道夫・貝克爾、安東尼奧・馬查多和侯黑・曼立奎等知名詩人的作品。我有個姨丈戲稱我是「撒旦之子」，因為我壞透了。有個阿姨送了我一匹叫艾芬的馬，讓我消耗一些壓抑的精力。於是富裕醫師兼大學教授之子開始衣衫襤褸地在整修精美的社區騎馬逛大街。

大家都以為我的課業也會順利，那是我家的最高天職，但結果學校成為我第一個重大挑戰。人人猜想我天資聰穎一定能成大器，但我的自由天性與一九五〇到六〇年代的愛爾蘭基督徒兄弟學院衝突。姨媽們的寵愛讓我個性執拗，但兄弟學院遠比我更頑固。我不斷衝撞體制，因為我不想承認有些規則我必須尊重。

上學就像在當兵，或坐牢。我常常跟人打架。但學校從未被我的叛逆嚇倒。對兄弟學院而言，態度永遠比學業成就更重要，對付我就像努力馴服一匹野馬。我為了弄清楚新環境吃足了苦頭。

學校明白告訴我媽我跟其他男孩都不同，但他們不會偏離他們的教學方法。公平但強悍的教養方式和優異的橄欖球隊同樣是他們的註冊商標。他們沒開除我的唯一理由，跟其他許多人不同，是因為我闖了一堆禍，但我從不說謊。他們告訴她，只要一個善意小謊，他們就會馬上把我踢出去。他們經常跟我的老師們聯絡，但我從未觸犯他們唯一不容忍的過失。

我用艱難的方式學會了這個新社會的習俗。兄弟學院也開始了解我。到我十四五歲的時候，他們任命我光榮地擔任愛奧納之家（Iona House）的社長，這是敝校劃分來參

1 譯註：荷西・佩卓・瓦雷拉（Jose Pedro Varela，1845-1879），烏拉圭社會學家、記者、政治家和教育家。

加校內體育活動和學術競賽的社團，並擔任社團的行政官。我不懂為什麼，在挑選社長的時候，他們選了個最不守紀律、最麻煩的男生。我問跟我交情不錯的布倫丹．沃爾修士他們為什麼選上我。「還有誰比退休的笨蛋更適合對付一群笨蛋呢？因為你最了解他們啊。」他回答。

到我十六歲的時候，我的學業開始迎頭趕上，準備進大學，我打算去念醫學系。同時，隨著身體茁壯，我的橄欖球技也一天天進步。我持續不懈地鍛鍊身體，不久就擺脫瘦弱體型贏得「猛男」綽號。因為我喜歡個人表現，便從傳鋒的位置調到翼鋒，我可以拿著球自己執行戰術——這適合我的個性。到了一九七一年，我被選入烏拉圭的橄欖球國家隊。

我童年的特色之一就是，父母會讓我們兄弟姊妹去平日當我們保姆的艾蓮娜．畢耶里的小型家庭農場度週末。她是蒙得維地亞近郊拉斯皮德拉斯村出身的謙卑農民。有時我的兄弟姊妹會想家，但我從來不會。我立刻適應了那個地方，感覺純樸又神祕，令我很著迷。農民用公牛犁田，種蔬菜，用自家的葡萄園釀酒，養豬，有時候他們宰豬吃肉，也自製香腸。我像農場工人一樣積極投入，因為在艾蓮娜家裡，我們的角色翻轉了：她是老闆，而我們是工人。我總是穿著整齊乾淨地上門，過了一會兒，我幫忙殺豬灌香腸，衣服就像戰場醫務兵般沾滿血跡和內臟。當他們在農場放我們下車，我看見車子開走時我媽在座位上轉身，我爸隔著墨鏡從照後鏡看我們。

某種程度上，我融合了所有出身背景：有我爸那邊的高貴專業家族，也有我媽的慈愛、自由奔放的人文家族，還有艾蓮娜·畢耶里的謙遜、辛勤工作的農場家族。

我為何不太喜歡遵守社會禮俗是有理由的：我是從母親身上學到這點。她也不太喜歡遵守規則，而且以身作則教導我這麼做。

在我小時候，也就是一九六九年阿姆斯壯、柯林斯和艾德林登月的前幾年，有一天我媽在我房間跟我聊天。「羅貝托，」她告訴我：「就算你決定上月球，我也會幫你收拾行李。」我看著阿姆斯壯真的踏上月球那天，發現坐在身邊的老媽非常入迷。**或許她不是開玩笑的。**

我父母還在交往的時候，臨床醫學的教授有一次考試把我爸當掉，我媽認為不公正，就去敲教授的門要求解釋。那件事讓我爸既崇拜又擔心。起初他們個性互補。但是日積月累，那種行為損傷了他們的感情，直到有一天我爸離開她，讓我們家庭破碎。

我媽不僅無所畏懼，也沒有禁忌。想到就行動，兩者之間沒有阻礙。她以如此不屈不撓的決心和確信愛護並支持我這個長子。可以說，她以這股動力和決心教我在亂流中力爭上游。「別怕，羅貝托。恐懼只是幻覺。克服它，它就會消失。」我在山上一直保持這種動力，也據此度過人生的每一天。我從安地斯山脈回來之後，她天天來探望並就近照顧我，確保她不會再失去我。

她無條件的愛和支持強大到抹去了我的恐懼。我不再害怕失敗。我變得勇於面對人生，因為我知道她勇敢得多。「有苦要說出來。」當她打電話給我爸那也當醫生的新妻子，為四個小孩討要用的醫藥時，她會說這麼說。

她從不用堅強的天性傷害或控制別人，而是表達她的觀點，無論多麼怪異——即使必須用簡略的說法傳達。有人可能以為口吃者這麼做是因為他們對自己想說的事遲疑沒把握。我媽教我事實正好相反。她很堅信自己的觀點，所以身體想要緩和她的說法，而激動的情緒讓我震驚又害怕她大聲發出的內容。到頭來，是我媽讓我準備好瞭解高山並與之抗爭。

第4章

第一夜彷彿永夜一般。我被惡夢驚醒。看了看四周：機身上結了一層霜，破洞附近的所有東西都結了冰。通往客艙前段的區域大半有遮蔽免於風雪侵襲。等了好久才出現早晨來臨的光亮，當第一道光線終於照在殘破的飛機上，我不敢相信自己的眼睛。科切．因夏提到這時才看清我的臉：他驚訝地望著我，像見鬼似的。呻吟哀嘆的一夜寒冷讓我們幾小時內都變老了。

機身殘存部分側躺在雪地上，有八個窗子朝向天空，五個壓在結冰的地上。飛機斜斜撞擊地面之前顯然就已解體。鬆脫的鋼纜和電線從天花板垂下來。我走到機外發現了駭人的景象，巨大圓形劇場般的開闊空間往東延伸（阿根廷），西方則是難以翻越的山脈，構成一道U形牆圍住我們。沒時間為我自己難過了。

我開始跟古斯塔夫．澤比諾進行晨間巡視。有幾個人昨晚死了。有些人則像安立奎・普拉特羅保持穩定，也有些人像南多的妹妹蘇珊娜惡化了。我們擔心南多死了，但他仍持續昏迷。

這個早上我們第一件任務是從機身中搬出遺體。跟前一晚相反，當時周圍的雪是柔軟的粉狀（我們的朋友卡洛斯・瓦雷塔一步失足竟然深陷沒頂），現在地面堅硬結凍。崎嶇的黑色岩石與幾塊飛機殘骸散落在地面。

有些遺體僵硬了，我們三個必須用飛機座椅安全帶做成綁帶把他們拖出來。目標是穩住重傷者的狀態，直到救兵抵達。第二天，我們誤認為我們生還是個奇蹟，因為我們以為我們墜毀山區的地點比事實低得多，堅信馬上就有人前來救援。這讓我們在黑暗中充滿焦急的哭喊和呻吟，一夜歇斯底里之後不致陷入恐慌。駕駛艙內唯一倖存的副駕駛但丁・拉古拉拉死前說過，智利人知道我們經過了庫里科，位處在智利一側的丘陵地帶，他認為這將是我們獲救的關鍵。飛機的高度計只顯示七千呎——我們後來才知道這數據是錯的，是指針經過撞擊後故障導致的結果。

馬切洛・裴瑞茲・戴・卡斯提洛把所有人聚集起來清點我們找得到的糧食和器材。但我們只找到很少量食物。這個雪地社會的禮俗開始發展。我們平均分配找到的糧食，搜索殘骸時沒有人為了找到的外套、上衣或褲子爭吵。

我們必須保持冷靜；如果驚慌，我們就死定了。因為位處高海拔，大家動作都很遲緩。無論誰感覺疼痛或難過，都絕口不提。我們告訴自己，最糟的已經過去。我們必須為了重傷者保持正面積極，給他們希望。他們是我們的責任，我們拒絕讓他們失望或放棄他們。

馬切洛和他的小組把我們找到的空行李箱排成一個大十字形，讓救援者能從高空看見。我們用腳在雪地上刮出SOS文字。但是出乎我們意料，沒人來救，粉碎了我們的期待。入夜後，我們回到機身裡等待另一個辛苦的夜晚，我們在破洞處用行李箱堆成一道牆，希望今晚能好過一點。

隔天早上，我們清楚聽到頭上高空有噴射機飛過。然後幾乎立刻有架螺旋槳飛機跟著，比第一架更高。我們都發誓看到第一架飛機傾斜機翼，是看見我們的明顯訊號——表示我們應該快點準備好，盼望的救援終於上路了。我們很確定。一小時後，我們聽到遠方一架小型雙引擎飛機的嗡嗡聲，我們都相信它也是救援的一部分——飛機在掃描下方的地表，把殘骸位置、碎片分布區和我們這些生還者構成的移動小點的座標傳回基地。

我們跳躍喊叫哭泣，因為我們被發現了——我們得救了。我們在那狂喜的短暫時刻的主要考量是要如何向那些死者家屬說明事情經過。我們完全不知道，不久之後我們有些人也會變成死者。

出乎預料，雖然那些飛機清楚地向我們發出訊號，當天救援並未抵達。沒有其他帶來希望的跡象，也沒有空投糧食或保暖衣物。於是一連串沒有答案的問題開始了：為什麼？我們到底在哪裡？他們什麼時候會來？我們哪裡做錯了？我們再次向自己說謊，爭取時間，輕易讓自己失望免得我們瘋掉。我們告訴自己，這種救援並不容易；他們需要直升機，也可能他們已經帶著騾子徒步出發了；我們在最平緩的東北方山上看到他們出現只是遲早問題。

黃昏來臨時，我們心情沉重地回到飛機裡。又一個可怕的夜晚等著我們。

第三天，我們又聽到飛機低鳴聲，但令我們驚訝的是，它不在頭頂上。搜索轉移到另一個區域去了。我們發現有架商業客機經過上空，來自沒有我們仍繼續運作的世界——我們不再是世界的一部分。我開始祈禱有神靈把我的請求帶到天上的飛機，然後他們會奇蹟似的派救援下來。直到今天，每當我飛越山區，仍會感受到那股情緒，請求上帝保佑底下照顧羊群時睡在山洞裡的牧人。

我們不知道為何耽擱這麼久，但仍堅信救兵已經上路了。離我們那麼遠的那些飛機還會搜尋什麼？或許是飛機的其他殘骸？墜落現場？天曉得機尾段跑到哪裡去了？我們仍然無人聞問。

一天天過去，殘破的客艙逐漸不再像原本有目標和命運的飛機殘骸。它現在成了險惡深山中的悲慘避難所。機身和擠在裡面的我們這群人不再屬於這個世界。我們二十七個人——很快就會剩十九人……然後十六人——現在成為陌生人，來自另一個次元的生物。我們在焦急的前幾天無法想像我們的庇護所很快就會變成墳墓。

第5章

羅貝托的父親：璜・卡洛斯・卡尼薩

一九七二年十月十三日晚上七點，我在蒙得維地亞，拉普拉塔河附近的路上開車，我聽到收音機報導說疑似有一架烏拉圭飛機墜毀在安地斯山脈。幾分鐘後，他們透露細節說它預定前往智利的聖地牙哥，但一直沒抵達。我的雙手開始發抖。但是因為羅貝托和他朋友是前一天十月十二日出發的，我停下車子驚恐又解脫地嘆氣。他們躲過了死劫——**我們躲過了死劫！**感謝上帝，羅貝托驚險躲過了在安地斯山脈墜機！

但我開回卡拉斯科區自家時，人行道上的騷亂讓我心情一沉。有群人顯得很緊張。突然讓我想起守靈夜。我停在車道上下車，看著眾人的臉，忽然想到：羅貝托在那架飛機上。**如果他們昨天就走了，怎麼可能？**我算了一下，衷心盼望日期是錯的，這時有人說，「他們因為天氣惡劣停在門多薩過夜。」這句話像一拳打在我胸口，就像我常聽說的心臟病發作比喻。我知道我還年輕不可能心臟病，但這正是醫學期刊描述某人遭遇劇烈狂喜或悲痛消息時心臟無法負荷的情形。

隔天，十月十四日，我和我兒子女友的父親路易·蘇拉可飛到智利，因為我們想要加入搜救隊。但他們不讓我們上飛機。智利搜救隊負責這項任務，飛機上沒空位給家屬。我回到蒙得維地亞，但五天後還是沒找到他們，我又飛去聖地牙哥。我守在智利總統薩爾瓦多·阿言德的官邸外面，因為最適合救難的直升機顯然歸他管。但我無法說服他們出借。

我毫無收穫回到蒙得維地亞。沒有找到兒子。

時間流逝宛如一場永無止盡的惡夢。我不記得什麼是真實，什麼又是想像。但我確定的是在十月二十三日，智利的搜救隊放棄了搜索。

第6章

在安地斯山脈的十月暴風雪中，我們有時困在機身裡長達二十四小時，死亡人數開始上升。每隔幾天就有一人罹難，削減倖存人數，我們開始發覺死亡比起在冰凍的安地斯山上飛機殘骸變成的野外醫院裡堅持活下去容易多了。

我們這群人開始轉變成一個獨立有機體，包括因為缺氧或重傷幾乎無法動彈的人。我們會收集好點子，就像人類在開天闢地時求生會做的那樣。每個人都無私謙卑地以自己的方式作出貢獻，讓我們的努力事半功倍。某種程度上，我們就像一支無法替換球員的橄欖球隊；若有人倒下，只會逼我們從每個人身上擠出更多力量來。我們從外界隨身帶來的其他一切東西——自私、虛榮、恥辱、貪婪——在這冰天雪地裡都被遺忘。

南多．帕拉杜有嚴重的腦水腫，可能會喪命，但有個幸運的意外成了想像不到的最佳治療：他頭躺在冰上過了一夜。結果，冰不只是世上最充沛的醫療器材，也是水腫和止痛的最佳療法，直到二十年後醫學界才開始廣泛採用此法。

前幾天，費托．史特勞奇想到的第一件事是口渴問題：雖然我們被雪包圍，直接吃雪會讓我們牙齦發癢、舌頭和喉嚨腫脹。他發現的融雪方法既簡單又巧妙。他在椅背零件的鋁板鋪上一層薄冰，在外面陽光下扭成漏斗型，讓它滴進瓶子裡。

我們拆開座椅把椅墊放在冰冷金屬上睡覺。我拉出裡面的藍綠色粗纖維，用電線縫合成毯子。剩下來的碎料，我們做成手套和帽子。

女性香水變成消毒水，刮鬍刀片變成手術刀。橄欖球衣則成了繃帶。

費托擔心雪的反光遲早會讓我們雪盲，所以他用我們在駕駛艙找到的遮陽片做了幾副墨鏡。過了中午走到外面一定會陷入深度及腰的積雪中，費托把一對座墊用安全帶綁在雙腳上，充當臨時雪鞋。

我們排班輪流睡在機身中比較舒適的位置，後來還做出了外出探索用的睡袋。保暖意謂著生死之別。

我們這支平均年齡二十歲的球隊變成了一個家庭，培養出宛如父母、兄弟姊妹、祖父母、叔伯姑姨之間的無條件情感。

我至今仍歷歷在目：古斯塔夫．尼可里奇和費托．史特勞奇每天早上用行李箱重建被雪覆蓋的大十字；艾瓦洛．曼吉諾和阿圖羅．諾蓋拉負責造水；我照顧瓦斯科．艾查瓦倫的傷勢；丹尼爾．費南德茲按摩巴比．法蘭索瓦的腳讓它不致結凍；科切．因夏提講故事鼓舞兩個最年幼的團員；洛伊．哈雷布置機身內部讓它可以居住；卡利托．裴茲迷上了他發現的聖母馬利亞螢光小雕像和念珠；古斯塔夫．澤比諾則在小型手提箱裡保管罹難者們的文件、徽章、十字架和手錶。

我們每個人就像人體的不同器官執行一項重要功能，以維持微妙的平衡。我們共同的目標是活下來，克服大自然要摧毀我們、拆散我們、把我們變成早該在冰冷山區發生的下場：冰的先天威脅。我們有時前進，有時又退回機身裡。有機體和非有機體之間有種微妙的互動。

我們最初賦與隊長馬切洛的權力，在馬切洛死於雪崩之後，轉移到了費托．史特勞奇、丹尼爾．費南德茲．史特勞奇，以及愛德華．史特勞奇三位堂兄弟身上。權力帶來倖存者們的尊重，即使他們只比我們大幾歲，大家把這三人當作部落長老。這三個堂兄弟不負責作所有決策，而是核准。他們帶領我們這群人，但也會聽其他人的意見。

雖然我們賦與他們道德權威和執法的權力，可想而知有時候還是會有人質疑他們的決定。在其他時候，我們會發出無理的抱怨，因為團體需要調節閥保持平衡。代罪羔羊夠堅強受得了這些偶發壓力，幫助紓解團體的緊繃。但我們必須小心；我們知道團體的穩定就端賴調節這股互動。所以我們達成一種均衡，一種危急團體的穩定狀態，有如正義和發洩之間的蹺蹺板。

在這個反覆無常又危險的社會，我的角色是扮演每種角色。我要求三兄弟允許我採用在文明世界經常讓我被指稱「難以忍受」的突破框架思考。即使可能算是勇敢、魯莽甚至無禮，該是跳回我童年的野馬背上，把事情逼到極限的時候了。三兄弟憑他們的智慧，同意這種思考或許對團體有利。

我們的經歷轟動全世界是因為我們活下來的方式：吃罹難者的遺體。迄今，那是我們最怪異的主意，既簡單又大膽，或許更難以想像。但我們感受到我們的肉體感官正在自我消耗以維持生命，極度飢餓，光是站起來就令人暈眩，餓到快昏過去。我們體驗到真正飢餓的原始本能——或許這就是野生動物的感受，天生且不理性。會讓年輕人嘗試吃行李箱的合成皮革，結果把嘴巴染成藍色，但在現代世界，早已不用真皮做箱子了。

飢餓難耐，壓倒一切。

小犬希拉里歐四歲時，他的幼稚園同學問他：「你知道你爸吃了他的朋友嗎？」希拉里歐彷彿這是世上最稀鬆平常的問題，叫他們坐下之後說：「對，我來告訴你怎麼回事。」當他講完故事，他們的飢餓也被滿足了。

當我們終於要靠遺體生存，都以為自己瘋了，要變成野蠻人了。但是後來，我們發現那是唯一理智的辦法——雖然外界可能真的懷疑我們確實瘋了。

吃遺體求生，是費托．史特勞奇、古斯塔夫．澤比諾、丹尼爾．馬斯朋，還有我下的決定，而且由我最先動刀，這是我們轉變的最後關鍵一步。最後的告別純真。我們拓展恐懼的極限。我知道遺體的蛋白質可以幫我們生存。我也知道要是我們遲疑不決，我們會虛弱到無法從飢餓復原。我們不能永遠等下去，否則身體會受到不可逆轉的傷害。但是同時，萬一奇蹟及時發生而避免了這種逾越呢？時間的後果似乎從未如此驚悚過。

我們終究必須自己面對這些關鍵時刻。我永遠忘不了切下的第一刀，在廣袤的山頂上，在空前寒冷又灰暗的一天，每個人都與自己的良心獨處。我們四個人拿著刮鬍刀或玻璃碎片，小心割開我們不忍卒睹臉孔的遺體上的衣服。我們把長條狀冰凍的人肉放在一旁的金屬板上。大家終於鼓足勇氣，吃掉自己的那一份。

哈維耶．梅索向神禱告尋求啟示，說上帝回應這就像聖餐禮。哈維耶憑記憶向我們引述《新約聖經》段落，出自《約翰福音》第六章五十四節和《馬太福音》第二十六章二十六節：「喫我肉、喝我血的人就有永生；在末日我要叫他復活。你們拿著喫，這是我的身體。」

我心中的上帝輪流分裂成兩種人格。有外界的上帝，十誡的上帝，命令我們不可偷盜或說謊。但山上的上帝不一樣。當我向祂祈求永生，我也乞求祂讓我在塵世多待一陣子。我乞求祂幫我越過山脊，向祂作出我得遵守的承諾：如果祂救我，我會每天早上六點吃完最豐盛的早餐之後七點上教堂。因為真正的飢餓太可怕了，像野獸，出於本能，很原始——而高山之神目睹了我內臟的呻吟。所以當我承諾要讚美祂，祂看到也知道我已失去了說謊或隱藏強烈飢餓的能力。

所以我向山上的上帝禱告問我是否可以吃我朋友。因為沒有祂同意，我覺得自己會侵犯他們留下的回憶，我會偷走他們的靈魂。更糟的是，我無法徵求他們許可。但糾纏我的這個問題出現了理性與關愛的答案，平息了我的恐懼，讓我充滿平靜。那就是當我們在世，願意大聲說出如果我們死了，別人可以用我們的遺體求生。而我很榮幸地說，如果我心臟停止跳動，我的手腳和肌肉仍然可以貢獻給下山的任務，而且永遠可以說羅貝托為了實現這個目標才死的。那是我們在安地斯山脈最大的發明：慷慨的死去。

我不禁把吃遺體活下去的事件聯想到世人在未來幾十年才會發現的事：器官與組織移植。我們打破了禁忌，在某方面，未來的世人也跟我們一樣突破禁忌，被認為怪異的事變成了尊重與榮耀死者的新方式。

對我們而言，這一躍是最後的突破，後果不可逆轉：我們永遠不一樣了。

說「你們是那群吃遺體自救的人」實在是過度簡化了。我們互相提供身體，以求在某種程度上，我們都能一起下山。除了趕走飢餓，也為我們爭取時間。確定搜救被取消之後，我們知道必須改吃死者以求生存。這變成一種工具，就像為了取暖擠在一起睡或自製睡袋。像組織一個殘缺脆弱的新社會一樣重要。像勇敢走下山一樣重要。

起初的禁忌就成了我們奮鬥的一環，就像利用我們的心智和勇氣費盡方法活下去。等待救援的A計畫失敗了。生者的世界顯然刻好了我們的墓碑——我們只能自求多福。在此前提下，看不到救援又逐漸深陷逆境，我們死去的朋友變成了養分。B計畫則變成使盡一切要活著回家。

一天後，一九七二年十月二十三日，墜機後十天，我們用小型 Spica 電晶體收音機搜尋搜救重點區域的新聞，卻發現已經取消了，另一個來自我蒙得維地亞老家的回憶彌漫空中，在四周迴盪，那就是卡洛斯．加德爾和阿弗列多．雷佩拉的探戈曲〈Volver〉（回家）。我心頭一驚。**他是唱給我聽的嗎？**「我想像遠方的燈火閃爍象徵著我的回歸，」他唱著。

加德爾和雷佩拉兩人皆死於三十七年前哥倫比亞麥德林市境內的安地斯山脈的一場空難。

「活著……靈魂緊抓著甜蜜的回憶，我又哭了。」

他對我唱的光亮是象徵我會回家嗎？他說的是我們周圍閃爍的雪光，太陽在這山頂上玩弄角度的方式嗎？他說的是二十年不算什麼，我必須牢牢記住會令我再度喜極而泣的事情嗎？

如今，四十多年後，時間的腳步讓我兩鬢斑白，我再次感受到當年在安地斯山那個早晨聽到這些話語不由顫抖的感覺。

第7章

青少年時期，我狂野又浪漫，兩者兼具。也可能我只是個野孩子，直到十四歲時改變了。我認識蘿莉之後不久，她要我幫她埋葬死去的寵物倉鼠。我就這樣扮演起掘墓人的角色，手捧一對小動物的遺體，我也成了她的心靈顧問和知己。我不排斥處理小遺體，因為就像蘿莉說的，我自己就是野獸。但她說我不太一樣，我可以處理完她的死掉寵物後還能跟談她失去寵物的哀傷。所以她才會一直找我聊。接下來幾個月我從小男孩變成了年輕人。

我們聊個沒完，一個主題接到下一個，發現我們對許多事情的想法與感受一致。「或許你不盡然是野蠻人。也許你還有點浪漫。」有一天她跟我說。這四十年來我們都是這樣交談的。

我越來越不像野孩子。幾個月前，有個姨媽送我一匹馬。我想要馬好久了，我去火車站領取時，立刻把牠命名為「艾芬」——也就是西班牙語「al fin」，意思是「終於」。就在市中心的車站裡，我為牠裝上馬鞍，一路穿過晨間車潮騎回卡拉斯科的家。我們整天泡在一起，黃昏時沿著沙灘奔馳，伴隨著潮汐起落。

後來我開始有種新情緒——羞恥。對自己讓艾芬踐踏鄰居庭院或踢壞別人的草坪感到不好意思。有一天我把牠拴在灑水龍頭上，牠被一聲巨響嚇到，拖著四十呎長的水管跑到馬路上。我身為這麼無法無天的學生真可恥。我想要改變——守紀律、少叛逆——我決定滿十八歲要上醫學院。我先開始馴服馬的野性，接著蘿莉也開始訓練我。雖然馬兒和我都不會改變我們的本質，我們對周遭的世界變得比較友善了。

幾年後，蘿莉跟我交往時，我在一九七二年十月準備離家去智利打橄欖球，蘿莉打電話給我說：「我在我的信箱留了一封信給你。」我去拿了，在山上整個期間都帶在身上。至今我仍然帶著。

以前我會和蘿莉的家人去露營。那只是我們的許多共同點之一：我們喜歡從事戶外活動，置身大自然中，我們覺得自在許多。有一天，我們在離蒙得維地亞約一二五哩的唐艾斯特班河附近紮營。我們搭最後一座帳篷時，我發現未來的岳父路易・蘇拉可醫師在仔細研究一座帳篷的屋頂。「醫生，你在看什麼？」我問。我們遺漏了我要睡的帳篷的一根柱子，必須設法用兩根柱子發揮三根的功能。蘇拉可醫師若有所思盯著篷頂。突然，他靈機一動，拆下一根伸縮支柱，用獵刀砍下一根樹枝，把它插進篷頂裡。帳篷就挺立的好好的。

我在機身裡必須為受傷乘客搭吊床時也是這麼做的。我用飛機樓梯的伸縮桿和第一晚我和科切·因夏提睡覺的網子，做出了幾個垂在行李架上的吊床，一直使用到最後一個傷者過世。

在山上什麼東西都缺，但我們有幾個重要優勢：我們是有很多共通點的團體，一起打過橄欖球，有著從事這項運動所需的紀律、努力和全員為球隊付出的合作精神。我們大都彼此認識很多年了，也信奉同樣的宗教，受基督徒兄弟學院嚴格的愛爾蘭基督徒教士教導，他們奉行嚴厲、壓抑、利他主義的教育方式。我和教士長久又奇妙的關係形成了我求生能力的一部分。

我跟他們很多人仍是朋友，他們現在住在布宜諾斯艾利斯市布隆社區的紐曼樞機學校四樓。他們老是戲稱我父母應該付了雙倍學費，因為學校總是在放學後把我留校察看兩小時。我也老是為同一件事惹上麻煩：在課堂上胡鬧。起初，我留校是在室內，練習唱詩、背禱告詞或在黑板上演算額外的數學題。但後來教士們發現這樣無法糾正我的狂野獨立個性，所以改讓我留在戶外。他們無法接受我總是心情愉快的事實，我留校時間結束後，會討顆球在球場上繼續玩兩個鐘頭。在這些額外的時間——我用來磨練罰踢技巧——我和教士培養出更親近的關係，尤其他們開始到球場上加入我之後。他們的生活也是違反常態，得遠離老家、朋友和親人。

我經常發現他們從三樓的窗戶俯瞰著我，好像想要了解我。天黑了，我就裝上馬鞍——我上學時把馬拴在球場後方的圍牆上——騎回艾斯皮諾拉街一七二六號的家。我會讓馬兒在住家旁邊空地上吃草。

除了馬兒不在，我在安地斯山脈又變回那個男孩。我拋棄所有規範，專注在想出務實對策，盡我所能幫助大家紓解苦難。我就這樣變成了山地醫師。

一九七二年十月十一日那晚，我帶在身上的蘿莉的信寫著：「我很愛你，很喜歡你同時既浪漫又野蠻。我想我們很相似。喔，別忘了把我為你織的毛衣帶去智利。」

我十九歲生日那天，空難之前八個月，蘿莉送我一件親手織的毛衣，厚重到我以為在溫和的烏拉圭冬季永遠也沒機會穿。

「呃，我很喜歡，」我告訴她：「但是妳為什麼織得那麼厚？」

「它像你一樣樸素又強韌。別擔心它太厚。我知道總有一天你會需要。」她說。

直到八個月後，我才想起我們在卡拉斯科區她家門外的這段對話。當時我們只是兩個剛滿十九歲的小毛頭在談論從未體驗過的那種寒冷。那一刻，我們不曉得自己在說什麼。但顯然我們都在準備即將發生的事。

我們的費爾柴德 FH-227D 機翼撞到事故的發生地，淚之谷南方山頂的那一刻，我不再相信機率。一部分多虧女友為我織的那件保暖紅毛衣，我才能在墜機後那幾天倖存。穿上那件毛衣，我就彷彿回到生者的世界，至今我還留著它。

第8章

我們在安地斯山脈迅速成熟，太快了，我們才剛脫離青春期而已。我們很快學到失敗只是成功的運作成本。在山上前幾次外出是想要判斷我們在什麼地方。不知道在南方和北方的山頂或西方的冰牆之外會遭遇什麼事，感覺很可怕。唯一的開闊景觀是東方，通往阿根廷，地面延伸過一連串山脈，（我們後來才知道）終點是索斯尼多火山，擋住了更遠處的視野。我們位在一個冰盒子中間，山壁讓我們猜不出這是哪裡，因為我們無法判斷距離。

我們決定出去探索，讓我們調適身心對抗這個新現實。我們沒有像羔羊躺下舔傷口，反而覺得像獅子般大膽。雖然我們飢餓、凍僵、因為高度而缺氧，我們仍出發去克服冰雪之壁。我參加了第一次和最後幾次探索。很多也這麼做的人都死了。

每次探察完成了兩件事：保持士氣並學到東西。嘗試攀爬積雪環境的人學到寶貴的教訓，留下來擠在機身裡的人也是，就算只是探索者能否活著回來都是。當他們回程耽擱，我會在外面等他們很久，努力看能否在地平線上發現他們。太寒冷的時候，我就從機身窗子往外看。

第一次探察發生在墜機事故後第四天。費托．史特勞奇，努馬．圖卡提，卡利托．裴茲和我一起出發。我們沒走太遠，因為費托認為這樣太危險。我們被天曉得有多深的軟雪包圍；很可能輕易掉進坑洞裡消失，像墜機當天的卡洛斯．瓦雷塔那樣。

我們得知我們置身在超乎想像的偏遠地區。我們的雪中社會必須團結才能撐過這一關，因為其他社會都太遙遠了。

第二次探索發生在山上的第十一天，洛伊．哈雷與古斯塔夫．尼可里奇修好了小收音機，我們得知搜救行動喊停的一天後。當時我們都開始吃遺體了，那次探察或許是最焦急——也最冒進的。古斯塔夫．澤比諾、努馬．圖卡提和丹尼爾．馬斯朋都把鞋子包上尼龍或使用我們發明的雪鞋出發。努馬和丹尼爾不久之後就去世了。

他們往南走向飛機最初撞到岩石山頂把機身斷成兩半的地方。不久他們發現一條散落著遺體與殘肢、螺旋槳、扭曲金屬碎片的痕跡。他們判斷錯誤繼續前進，想尋找機尾段和可能有用的東西。但是入夜之後沒時間走回來。情急之下，他們頭腦不清算錯了距離和時刻，被迫缺乏必要衣物睡在零下三十度的戶外，差點凍死。他們發現的唯一東西是無盡的冰天雪地，可能是當時他們最不想看到的景況。

努馬．圖卡提眼神死氣沉沉地回來，以為我們永遠無法逃出這個寒冬陷阱了。古斯塔夫在探察時弄丟了自製墨鏡，發生雪盲。也或許是他的心智不想再看到這個世界了。我想可能也因此救了他。他沒看到盡頭的景象，回到機身後，我用撕成長條的球衣包紮他紅腫的眼睛。他說他感覺眼裡像有沙子和針刺，因為凍傷的初期階段牙齒有點鬆動，我只好把凍肉嚼爛再餵他。那次探索後，好友兼同學丹尼爾．馬斯朋喪失了曾經散發出來鼓舞整個團體的活力和耐力。六天後他死於我們冒險中最慘烈的一頁：雪崩。

接著幾天我們長時間按摩他的腳，想要緩解凍傷的疼痛。

我們直到雪崩之後的十一月五日才再度出發，丁丁．維奇廷、卡利托．裴茲和洛伊．哈雷踏上另一段命運旅途，三人都差點死掉。卡利托和洛伊狀況危急勉強逃回。只有丁丁能加入南多跟我進行逃離安地斯山脈的最後嘗試。

我有密切注意先前的探索隊是怎麼回來的。當時我的角色是照顧他們被冰雪考驗的傷勢。我仔細觀察在寒冷中人體哪些部位似乎最容易受傷，哪些又比較強韌。我試著弄清楚他們犯了什麼錯，而我們又做錯了什麼——還有什麼方法可能避免凍死。

為了自救而努力的自願者人數快速減少。我雖然強勢，卻不是自願當白老鼠的人。但我終於發現自己必須當臨門一腳的人，或許得救機會渺茫，但並非完全不可能。

我開始出去執行偵察任務。留在機身裡的人只遭受一種折磨；我們跟他們不一樣，且飄忽不定。我們成為團體的外人——雖然我們知道他們仍依賴我們當他們的耳目、手腳和希望。但他們光是活著、保持理智就有自己的困難。留在裡面的人變成自我心智的探索者，進入意識的新領域，以免陷入瘋狂。

而要成為這團體的一員，你得擁有堅毅的身體、心理和精神，我覺得我有。否則你會像南多一樣很想逃離此地。遲早他自己的母親和妹妹也可能變成其他人的食物，他無法忍受困在機身裡，他母親死於墜機，八天後妹妹也死了。但在他跟我永遠離開機身的那天，他告訴費托和其他生還者，如果他們的性命取決於機身，那他們確實要踏出這不得已的一步。

加入探索隊讓我們獲得特權真是奇怪。我們能分到較多食物、較好的衣服，睡在機身裡的好位置。訓練長途跋涉時甚至可以豁免幾項工作，不過我還是盡了義務。到頭來，我們開始爬上聖希拉里歐山脊後，這些自由感覺就像消失在山區稀薄空氣中的短暫虛榮。你爬得越高，會變得越渺小越謙卑，就像探索隊夜間在安地斯山脈互擁取暖求生。無論你有什麼特權，高山會若無其事地剝奪它。

離開飛機，每次走遠一點，就意謂著拉長我們的臍帶，心知總有一天它會斷掉。我們就像飛進永恆宇宙的小型人造衛星，每次飄離太陽遠一點，希望在銀河系的其他地方找到溫暖。

第9章

到了十月底，連下了幾天雪，世界蒙上一層灰色。時間感消失，或者應該說，我們好像困在一個時間流速不同的地方。最糟的是，那段期間始於墜機後十六天，十月二十九日星期日晚上的雪崩。那些日子是獨立的，有自己的寒冷天空，脫離我們在山上的其他時間。

那天下午四點，我們很早就擠在機身裡。幾天來不斷下雪，我們已經聽見遠方雪崩的低鳴聲。但是我們遭遇雪崩的概念，就像相信我們遭遇墜機一樣陌生：那是別處才會發生的事，因為我們已經夠倒楣了。

當時輪到我睡在機身最好的位置，靠近駕駛艙，遠離破洞，跟丹尼爾．馬斯朋在一起。突然間，我們聽到低鳴聲，然後出現像信號彈般的閃光。我被一道冰雪牆打中胸口，它包圍我的同時瞬間變得像水泥般堅硬。很難理解究竟怎麼回事，因為我很快就變成石像了。我尿褲子，有一瞬間我對胯下這突如其來的溫暖快感很驚訝。你快死的時候，很少想到貴重的財物。

就在永遠昏迷之前——我知道死亡的感受，因為我已經昏迷過一次；我根本猜不到有多久——洛伊．哈雷的臉出現在我面前。他挖掉我嘴裡的雪，我喘氣。有了氧氣，就像在墜機後的早上，呼吸與求生的強烈欲望隨之而來。他們挖出我的手臂，我自己顫抖著爬出墓穴，仍然搞不清楚發生什麼事。我努力辨認方位，因為時間似乎凍結了。覺得雙手和膝蓋也動彈不得。但驚訝地發現心臟還在跳。一切都感覺突兀虛幻。我們窒息又全身濕透。在那一丁點空間裡，一片漆黑，我們幾乎沒空氣可呼吸。陰影重新出現在我們周圍，從冰雪墳墓中升起，但是沒空間站起來。所以它們保持低頭，像異世界的生物，頭頂著飛機艙頂。成功擺脫慌亂的其他人開始赤手空拳挖掘緊實的積雪，尋找別的模糊人影。**動啊，卡尼薩，快動！**我告訴自己，然後，轉瞬間我想起來了：丹尼爾一直在我旁邊。我拚命扒冰雪，用指甲去刮。我想學野獸用我的牙齒撕開冰層。我挖個不停直到發現我朋友的臉孔，丹尼爾．馬斯朋毫髮無傷地活過了墜機，為了找出路他一直參加最危險最急迫的探察。我撥開他臉上的雪，再挖出嘴裡的，湊過去聽他的呼吸。但是只有寂靜。我朋友死了。最短暫的念頭閃過我腦海：**丹尼爾，我的好友，你終於可以安息了。**

我繼續挖掘直到耗盡體力倒下。我呼吸，再呼吸，又繼續挖。一個又一個的人出現。有的人恢復喘氣，有的人沒有。我發現周圍在挖掘的人逐漸一個個停手，因為累壞了。梅索對著他老婆的遺體啜泣。有人開始大聲計數直到算出最後的總數：「十八生，八死。」

雪崩那一夜，我生平最糟的夜晚，我們失去了八個朋友和努力建構的一切——我們身上的衣服，用飛機座椅做的雨衣，全沒了。我們全身連鞋襪都濕了。也不知道挖出的這個小坑洞裡氧氣能撐多久。

因為我們氧氣不足，有些人開始往外挖洞，希望突破我們用來做吊床的管線。最後我們成功了，向上穿過駕駛艙，因為它向上翹起比較接近地面。

我猶豫著是否繼續行動。但忍不住緊抓著我可能生還的渺小機率。我判斷我必須知道這座山還給我們設了什麼陷阱，查明最後會害死我的是什麼——因為直到現在，死亡就是一連串虛驚。

靠著因為缺氧而閃爍的打火機光線，我們互相查看狀況過了幾小時，真實處境逐漸浮現：我們被埋在天曉得雪面下幾呎的冰棺裡了。我們沒糧食，連賴以為生的冰凍遺體也沒有。每個人都在等別人做些什麼。或者沒人做什麼而只是等死。這時我打起精神做了必要的事：利用遺體。我知道如果我不踏出這一步，我們全會完蛋，因為我們的真實狀況令人癱瘓。我做了我想像只在最黑暗的惡夢裡會做的。我想是讀醫科讓我表現得像個外科醫師，切開溫暖遺體割下器官時能夠拋開自己的情緒。我們就這樣往終極恥辱又墮落了一步：吃躺在身旁人的遺體。若要保持生命的種子不死，我們每個人都必須沾上這種血腥。或許我們可以像犧牲生命的小麥，落到地上以死亡帶來新種子、新生命。我們的死亡可以有所收穫。我自己死的時候就會希望這樣。

以身作則不只是做到這點的一種方式；而是唯一的方式。雖然那一刻我並不想教誰什麼事，我下意識地採取行動。照例，我們只有兩個有限選擇：投降或行動。放棄或努力前進。我們的冰墓沒有其他選項的空間。

我們失去了飛機窗外的景觀。實質上和比喻上都陷入了黑暗。

就這樣，我們學會等待而不絕望。在接下來的兩天，我們在地下慶祝了兩次生日，是努馬．圖卡提和卡利托．裴茲的生日，還用捏硬的雪做了兩塊蛋糕。

我們的團體又改變了。因為某種程度上，在雪崩那一夜，我們全都死而復生。困在機身的潮濕監獄裡，缺氧又有難聞的金屬味，我們好像包藏生命的小蛹。也像心臟有缺陷的未出生胎兒，在子宮裡漂浮，生存機率仍然大有疑問。

第10章

被埋了三天之後，我們終於成功挖通到了駕駛艙。我們坐在機長椅子上，踢掉前方擋風玻璃，再挖掘到地表上。科切．因夏提第一個鑽出去。他記得看著我們出來，把我們拉出地面進入永恆的風雪，彷彿這座山生出了我們。

艱苦地把機身挖出雪堆之後，我們專心準備讓探索隊進行另一次長征。這是我們新社會的另一部分，有些人要犧牲手上最好的東西——較保暖的外套，飛機裡的好床位、一塊凍肉——給為了危險旅途要作體能準備的人。雖然這些探索一開始像偵察任務，現在則變成求生必要的行動；就看會聯絡到外界還是死在路上。所以挑選成員更加重要。

我仔細衡量我們的選項，以確保微薄的體力會有最大成果。接近十二月時，我知道成功仰賴幾個因素：我們有多少小時的陽光和我們能否避開令人盲目的暴雪。我感覺這一趟有去無回，如果我們失敗，我們永遠無法回到機身。我們的目標是不成功便成仁。

每當我想起未來的挑戰，腦中一直出現這念頭：現在放棄還是繼續前進？

雖然南多堅持我們往西直線走向太平洋，不管我們的地圖顯示出相反論點，最後我們說服了他往東邊阿根廷走。我覺得沒有爬上西方冰壁的妙計，唯一理性的主意——如果到這地步還有什麼理性主意的話——就是不計代價避開這個障礙。

南多、丁丁和我在十一月十七日早上八點出發，我們估計這趟會花上三四天。丟下機身裡的相對寂靜，我們進入一個不同聲音的世界：積雪在我們腳下的碎裂聲，我們呼吸急促的韻律，偶爾還有附近雪崩的低鳴。我們一開始採取冷靜但輕快的步伐，因為我們假設最高峰索斯尼多火山在兩三天路程外。但我們最大的挑戰是即使我們帶了一堆厚外套，能否抗拒晚上睡在戶外的關鍵問題。

途中，我們發現飛機殘骸的痕跡，很驚訝竟然走了那麼遠。而當我們不期而遇時，更不敢相信自己的眼睛：我們看到機尾段了。從遠處看，我花了一會兒才弄清楚那是什麼。機尾舵不見了，但是神奇地躺得很端正，彷彿其餘部分只是埋在積雪下。我呆站片刻。那是我們在山上三十六天看到的第一個新東西，跟我們舊生活的第一個連結。它來自另一個世界，人類建造並毀壞飛機這種東西的世界。我們抵達後，不敢置信地張開手去摸。廚房還在，有些零星食物，包括十月十二日飛機因為天候惡劣停在門多薩時我們帶上飛機的兩個冷凍餡餅。我在毀於撞擊的各區段之間搶救資源，打開一個隔間發現了飛機的電池組。感覺就像奇蹟發生。我發現它完整無損之後樂壞了。我用鬆脫電纜碰觸兩個電極，都迸出火花。雖然計畫是往東走，這似乎是重新思考我們計畫的徵兆，因為這是我們找捷徑的機會。電池跟我們一樣還活著。我在機尾段找到了我的行李，感覺好像遇上從前的自己。令我想起老家和事故前的生活氣息。

我們當晚在機尾裡過夜，暫時不必擔心露宿戶外。多虧有電池，我們得以接通幾盞燈和飛機上的無線電。現在我們有了前哨站，以防我們往東探索失敗，必須返回機身。古斯塔夫．澤比諾、努馬．圖卡提和丹尼爾．馬斯朋教過我們，被迫毫無準備在戶外過夜可能有什麼傷害。有沒有人能撐過戶外的第二晚仍有待驗證。

我的注意力轉向用當初南多堅持我們往西走的同等熱情修復飛機的無線電。修好設計用在危機時求救的無線電，比走進無窮冰雪並可能凍死好像來得更有希望，也更具體。我必須設身處地像製造無線電的工程師一樣思考。救贖似乎近在眼前卻又遙不可及。一條電線接錯就天差地別。當然，雪上加霜的是，我們沒人懂無線電、超高頻、極高頻或能傳送幾百哩到達一萬呎高空上飛機的任何訊號。我雖然對事物原理很有興趣，很遺憾在我短短十九年人生中沒遇過會修無線電的人。我知道就算只有電子學最粗淺知識的人，甚至業餘者，都懂得怎麼修好它。

翌日，當我們往東走延續我感覺死定了的探索，我的心思仍不斷回到飛機的機尾段。我們在山上嘗試的每件事都沒有標準答案。要是我們第二晚睡在戶外之後一直往東走下山谷，我們可能抵達某種目的地。如果我們成功避開任何陷坑、暴雪或雪崩，或許可以繞過火山抵達阿圖爾河盆地，或許遇上廢棄的青年旅館甚至阿根廷警察派出所。

但是，第二晚我們嘗試露宿在雪地上並挖壕溝之後，我們結局就像澤比諾、圖卡提和馬斯朋一樣。我們有三倍保暖層或用毯子蓋了臨時帳篷都不重要。我們在凶險的無盡黑暗中擠在一起睡，捶打手腳保持血液循環，還是差點凍死。那晚，我們學到了最佳準備的極限：只能在戶外過一夜。再沒人懷疑在戶外過第二夜一定會死。

隔天上午九點，太陽融化了夜間覆蓋我們的霜。無眠的一夜過後，我們的衣服像痠痛的肌肉一樣僵硬，我們半死不活又過早老化，開始緩慢又辛苦地走回機尾段。

我們走回機身途中休息時，我花了很多時間研究電池組。我小心逐一拆下每個元件，像處理水晶製品一樣輕手輕腳。我察看所有按鈕和接線。看起來沒損傷，尤其比起我記憶中機身裡的毀損無線電。如果我對心臟的熱情在雪崩後增強了，那麼我一想到接電線意謂著挽救人命，也讓我強化了修理機器的熱情。在山上兩者合為一體，因為畢竟心臟是最完美的機器。

第11章

十一月二十二日，我們回到機身裡。同伴們看到我們以同樣條件出發已經過了五天，只差我們帶了個重要發現回來：我們找到了機尾段。我們在裡面找到外套、香菸、一瓶蘭姆酒、一公斤糖、吃到一半的門多薩餡餅，還有（我們留在最後講的）電池組。因為太重了，我們判斷無法帶回來。相反地，我們必須把壞掉的無線電帶到電池組去。工科一年級生洛伊猜想，計畫一定少不了他，因為他是整個團體的非正式工程師。幾個月前，他幫表親修過某種無線電設備，也是他把電晶體小收音機修好的，這兩件事讓他成為我們的總工程師，就像我念兩年醫學院變成了總醫師。我們的雪地社會就是這麼回事；我們是自身的誇大版。需求強迫我們發揮超出我們真正的能力。

同時，我相信（不過我忍著沒說）即使我們修無線電失敗，也會幫我們爭取時間讓溫度暖到足以融解山脊上某些區域，讓我們可以往西走。因為東方路線被明確排除了。

我說服南多和丁丁讓我試著修無線電，還保證如果我失敗，我們下次就嘗試往西走，朝向智利與太平洋。

十一月二十三日，洛伊、南多和我從機身駕駛艙拆下無線電，小心翼翼不損傷大量電線或遺失任何一顆電晶體。隔天，我們帶著彷彿從垃圾場找到的破損無線電，裝在用Samsonite行李箱做的雪橇上前往機尾段。我們大費周章嘗試修復無線電。洛伊、南多、丁丁和我連續忙了三天剝開電線末端連接到電池上。接著又花了三天設法找到頻道。但我們聽到的回音永遠只有聽不出字彙的混亂雜訊嘶聲。

我們很接近了。甚至成功發出短波訊號。飛機有超高頻和極高頻。超高頻是線性的，如果飛機經過上空我們又看得見彼此，或許能夠溝通。有時候訊號可能被雲層反彈抵達遙遠的地方。我們有讓超高頻運作所需的一切：飛機的調頻器、正確分類的電線、天線和電池。但我們一直無法讓極高頻運作，以便長距離溝通。所有電線都有清楚標示，雖然電線接得沒錯，但我們沒接上高壓變電器，那是個墜機時脫落掉在機身附近、沾滿油漬的黑盒子。我們一直不清楚那個黑盒子是幹嘛的。（多年後才有人向我說明。）我搜索殘骸周邊區域想尋找能用的東西時，看過那個沾油的黑盒子混在其他扭曲金屬物體之間。我絞盡腦汁也想不出有什麼用處。當時我不知道那是我們獲救的關鍵。

聽了三天雜訊——聽起來比較像葬禮進行曲，我們承認沒有修好它的知識。就少了那一丁點資訊。我們很接近了，也有全部零件。要是我們有使用手冊就好了。

十一月二十九日，我們度過在機尾段的最後一夜。風速變強了，我們怕整個機尾段可能帶著我們滾下山谷去。南多緊張到讓我幾乎沒辦法睡。「如果你要動來動去，還不如睡在外面。」我嘀咕說。

總之，雖然我們修無線電失敗，策略還是有收穫。我們不只爭取到一些時間，還在機尾段找到能救我們性命的溫暖來源：可以用來做睡袋的隔熱纖維。

丁丁在加溫管線周圍發現了用兩種防水纖維做成、中間夾著絕緣層的材料。他很驚訝這玩意如此堅固。他切下一小片。「看，這很適合用來做背心。」他說。我們把雪包在纖維裡，發現水不會漏到另一面。從我們差點凍死那晚起，我們一直在想辦法做能撐過戶外過夜的睡袋。

十一月三十日，我們回來面對機身裡失望的同伴，宣布我們有個驚喜，指著袋子彷彿裡面有架飛機。我們一打開，大家都問這堆破爛纖維是什麼。

「這東西能夠讓我們在戶外過夜。」丁丁說。保溫可是在山上活命的關鍵。

雪崩之後，我們把自己還活著當作好兆頭一路苦撐。現在，我們修無線電失敗，便把希望都寄託在隔熱纖維上。我們興奮得好像在機尾段發現了一架救援飛機。我們失敗六天回來後努力向大家解釋時欣喜若狂，他們的表情卻彷彿以為我們瘋了。很多人看著史特勞奇三兄弟的反應，但他們保持冷靜——意思是他們還抱著希望。他們知道我們的努力是唯一抵抗絕望和死亡的因素。新纖維管不管用是另一回事。但那不重要。重點是我們還有東西可以相信，可以指望。有人說：「如果有生命，就有希望。」但對我們正好相反：「如果有希望，就有生命。」

第12章

我們都是逃脫計畫的一部分，但南多、丁丁和我，我們三個必須去求救。後來離開三天之後，只剩南多和我。我說我們「必須」是因為我一直不太確定我想出去探察。

我們在機身的最後幾天，決定好了路線。我們選了最困難的路線，以我們的狀況唯一確定的是要走出去。其餘一切都是全然未知。沒有救援，沒有無線電——什麼都沒有。我們只有自己的兩條腿。距離不再以碼或哩測量，而是用步數。受限於群山和極度疲憊的步伐。

光看我們在地圖上的位置就足以讓我們滿心恐懼。安地斯山脈從北方的巴拿馬延伸到南方的合恩角，長達將近四千五百哩。據我們估計，邊際誤差三十哩（事實上，誤差大多了），我們應該在阿根廷側的某個荒蕪區，這意謂要穿過無人荒地走大約二十五萬到三十萬步。想到終於離開安地斯山脈區，但還要面對沒有植物與人煙的荒涼沙漠，實在太令人膽寒了。但直接走向西邊是有可能的。根據我們飛機上的地圖，我們估計到山腳下的距離應該不超過四十哩（約十萬步）。地圖顯示山脊綿延大約七十五哩，因為我們計算出我們比實際位置更接近太平洋，猜想頂多距離三十五哩。我們必須穿過山脊走完這三十五哩，在攝氏零下三十度的氣溫中，沒有適當的衣服、裝備、飲食或地形知識，被致命的安地斯山脈寒風吹到皮膚冒水泡。

我們會跟著太陽走，如果看不見太陽，就用從飛機拆下來的羅盤幫我們指路。

在最擅長分析航空地圖的阿圖羅．諾蓋拉幫助下，我們可以清晰地想像巨大冰壁另一邊的城鎮居民，欽巴龍戈、拉魯菲娜和普恩特尼哥羅。我們最樂觀的猜測是距離這些城鎮只有六到十哩。但我們不懂為什麼，如果它們這麼近，我們所在的區域有這麼難以接近嗎？地圖上再往東，我們注意到一些我們從未想像可能置身、無法測量的高度——廷格里里卡、索斯尼多、帕洛莫、艾布魯荷等高山。但後來證明那正是我們墜機的地方。

我們從未真正抵達欽巴龍戈、拉魯菲娜或普恩特尼哥羅，但這三個地名仍迴盪在我記憶中，因為它們是我們依賴的錨，支撐我們的希望。當我閉上雙眼，就想像這些城鎮是我們終於可以重返文明的綠洲。我想像著小型山城，農場動物在燦爛的翠綠谷地吃草，雞群在小型石屋邊跑來跑去。我們會小心接近免得我們的可怕外表和聞不到但可合理懷疑的體臭嚇到牠們。我們會遇到驚嚇的農民，然後說：「我們在山上發生空難，需要你的幫忙。」我們也可能反過來說：「我們需要你幫忙，我們墜機了。」如果他們不相信我們，我們就帶現金去買馬和補給品——只為了完成我們不切實際的計畫。

但就這樣，我們會醒來面對惡夢。我們都死了，靈魂在生者世界不復存在。雖然我們堅持希望回到那個背棄我們讓我們等死的世界，內心不禁懷疑世人是否會歡迎我們回去。或許直到我們不知不覺間回到自己的家門口，這一切才會結束。同時，想到抵達農舍讓農夫開放自家歡迎我們，是我們想像中最誘人的場面。我跟南多分享這個夢想，他又在這個幻覺上添加角色和色彩。同時，丁丁就在幾呎外的機身裡休息，平靜地看著我們，一面作好心理準備等著獲救。

「農民都是善良的勞動階級。」我會說，想起我保姆艾蓮娜．畢耶里和她家的農場，我小時候度過許多週末的地方。在溫暖的晚上，她會牽著我的手，我們到外面向月亮禱告抹去她的哀傷。

出發前我花了兩天研究我們即將攀爬的巨大冰壁。我仔細觀察細節，一段又一段，設法判斷最佳穿越路線。先前，我花很多時間想像另一邊有什麼，但現在我有更急迫的事要擔心：畫出具體路線到另一邊去。我們會試著想像突出的岩石、山頂、陡坡、曲折路線和狹窄的峽谷。我們決定正面進攻，直接往西走跨越最高的部分，因為這也是最短的路線。

丁丁永遠在接獲命令時冷靜地準備好了。另一方面，顯得很不安的南多跟我有同樣的恐懼，只是他沒表現出來。我們互相彌補。我就是他像火車頭全速前進時的剎車。

但我們看來機會渺茫。你只要看看變幻莫測的天氣、稀少的糧食和最大最終極的未知變數：機身裡的生還傷患能撐多久。你幾乎可以從不規則的呼吸和眼神測出他們的餘命，隨著體內生命力流失，眼睛也會褪色。

我眼裡只看到這些變數，便冷酷地作出離開的決定。也因為這樣，我確定朋友們這時一定最難以忍受我。首先，我決定如果無法相信我們新做的睡袋能讓我們三人在崎嶇地形安全地保暖就不出發。其次，我堅持我們盡量延後到十二月底再出發。我們不能等到溫度太暖，因為那樣會擴散感染，天氣夠冷我才勉強控制住的。加上，如果我拖延，或許有時間讓意想不到的奇蹟發生，就像發現電池組和機尾段那樣。

有個意料之外的事件發生了，可是還不夠。十二月八日，我們出發的四天前，我們從電晶體收音機聽到了驚人的消息。自十月二十三日以來頭一遭，烏拉圭空軍（一開始就是他們的飛機害我們這麼慘）裝備了一架二次大戰的舊型道格拉斯 C-47 飛機重啟搜救。預定十二月十日上午七點從蒙得維地亞出發。即使任務只是要回收我們的遺體，這表示他們沒忘記我們！聽到這類消息，我再次對出發充滿懷疑，但我憋著不說，怕我的猶豫影響到別人。我自問現在天氣變好了，他們是否比十月更有機會找到我們。

十二月十一日，當我正在計算他們要花多久才會再度開始搜索山腳，古斯塔夫．澤比諾私下來找我談，等 C-47 來救我們的美夢破滅了。

「努馬死了。再過幾天，洛伊也不妙。如果再等下去，我們都會死。」他說。

當時我知道我們不能再拖延出發了。努馬．圖卡提之死展開了倒數，直到我們出發進行最後遠征的那一刻。沒有人比努馬更拚命求生了。如果他都撐不住，那我們跟著倒下只是遲早問題。那架 C-47 只是幻夢，來自異次元的幽靈，給我們希望卻又被死亡的惡臭粉碎。我們的兩個次元不會重疊。如果我們要從這場悲劇活下來，只能靠自己。

雖然我總結外界救援我們的任何努力都注定失敗，想起那架 C-47 在最後一趟探察過程中對我仍是個鼓勵。那象徵著無論多麼徒勞，有人還在拉扯繩索的另一頭。我們無依無靠，漂浮在宇宙中，但我們沒被遺忘。有別的力量在努力，不肯讓我們默默被遺忘。

烏拉圭空軍 C-47 重新搜尋我們飛機的四十年後，二〇一二年十二月十日，我發現在蒙得維地亞的義大利醫院二樓，我的辦公室外候診室裡有個表情安詳的老婦人。我問助手希爾妲她是誰，她說：「她想找你但不肯說理由。」

「我想要給你這個，」婦人平靜地說，交給我一疊舊檔案夾。

我打開來發現幾張手寫的紙。

「我是莉莉．菲拉．德泰拉，飛行上校魯本．泰拉的遺孀，」她說：「這些是他四十年前寫的。他希望你收下自由運用。令尊曾經在我丈夫的飛機上。」

當我開始瀏覽前飛行少校魯本．泰拉的報告書，我心跳加速。就在二〇一二年十二月那一陣子，我開始一步一步整理當年翻越安地斯山脈的旅程，以前我一直沒做。那趟路的關鍵因素之一就是有架 C-47 在找我們。我們聽得到，我們感覺得到。雖然我們一直無法親眼目睹，我們聽見了引擎低鳴，迴盪在山巔間，聽起來既真實又虛幻。

有時候感覺好像我們有幻覺。但我們怎麼可能聽不見？他們花了三十小時飛行監聽，尋找我們。這麼多年後，魯本．泰拉少校終於來告訴我們，在我們翻山越嶺那時候，天空上發生了什麼事。在安地斯山脈的不同高度，我們都在尋找對方。

我開始讀莉莉．菲拉說的先前沒有人看過的報告。少校的筆跡清晰又堅定。我立刻認出所有的角色：魯本．泰拉後來以上校退伍，一九九九年六十歲時過世；他的副駕駛愛德華．雷佩爾上尉；家父璜．卡洛斯．卡尼薩；老洛伊．哈雷；老古斯塔夫．尼可里奇；卡利托．裴茲的父親，畫家卡洛斯．裴茲．維拉洛；家父的飛行專家朋友勞爾．羅德里格茲．艾斯卡拉達；還有飛機組員。

雖然我沒見過飛機上的指揮官，家父轉述過幾次那段宿命之旅的經過。每次說起來，他總是充滿回憶和情緒，我看得出他回想起來很痛苦，可能因為那次經驗太挫折又徒勞無功。我總覺得那是他的低潮。我想事後不久我們的出現讓他埋葬了這段記憶，忐忑地搜索至愛親人時，勇敢的組員們必定經歷過的所有焦慮痛苦也隨之湮滅。

我一直不敢告訴家父的是，我從不認為那次任務是失敗。那是我承受與前進所需的動力。那架飛機上的人必須克服他們自己的逆境，但他們從不猶豫。我們雙方都在盲飛：我們不知道自己身在何處，而他們也不知道我們竟然還活著。

第13章

飛行少校魯本・泰拉

一九七二年十月十三日，烏拉圭空軍的費爾柴德 FH-227D（編號 FAU 571）飛機離開門多薩飛往智利的聖地牙哥，因為克里斯托隘口只能靠儀器飛行（關閉），走南方隘口路線（馬拉格－庫里科）。根據聖地牙哥的中央管制台提供給烏拉圭空軍的紀錄，費爾柴德的機長胡利歐・凱薩・費拉達斯經過馬拉格之後在奇萊西托，然後在普朗雄回報。不知何故，八分鐘前，他回報在庫里科，其實他正經過普朗雄（現今的安空）。

三分鐘後，他從庫里科，其實是普朗雄，錯誤地改變航道往北 006 度，並且從 18000 呎下降到 10000 呎然後在安哥斯圖拉回報。

怎麼回事？他們開始下降進入安地斯山脈中央，回報在庫里科以 006 度航向北方的三分鐘之後，聖地牙哥的管制台問 FAU 571 在什麼高度。突然間，費拉達斯的冷靜聲音變成慘叫，他只喊出：「么五洞！」兩分鐘後，聖地牙哥管制台呼叫，但費爾柴德FH-227D沒有回答。在那個高度——意思是15000呎——飛機低於15400呎高的廷格里里卡火山，低於17024呎的索斯尼多山，低於15912呎的帕洛莫山，也低於16000呎高、看起來像鋸齒線的布魯荷山，如同我們在國際民航組織目視飛行圖上所見的阿空加瓜山（1436號圖）。

所以費拉達斯大喊「么五洞！」（15000呎）的時候，是在庫里科回報的三分鐘後，我們認為他的右翼撞到了廷格里里卡附近的山脊並且解體，接著是左翼從機身被扯掉，沿著山坡滑行大約一千八百公尺直到停下來。飛機被智利航空管制台宣稱「ALERFA」（警戒階段），意指不確定飛機安危並開始設定搜尋時程的術語。

在這類案例中，智利的空中搜救隊會展開十天搜索去尋找遇難的飛機。這段期間，使用智利、阿根廷與烏拉圭飛機進行過一百零三次不成功的飛行任務，智利空軍在十月二十三日結束了行動。

事發後將近兩個月，全體四十五名乘客都被認定死亡，第二次任務奉命尋找墜機的殘骸，因為山上開始融雪，尋獲的機會比較大。

而我在這裡也成了參與其中的一員，敘述我在既困難又危險的任務期間的種種經歷。然而，我確信找到飛機是可能的，我們一定會找到。

空軍司令部下令由第三中隊（運輸隊）執行任務，有十六個人分別負責C-47運輸機和AT（空照機），由我指揮。

我挑選出一支最強最有經驗的安地斯山脈專家團隊。我選了自己（況且，我喜歡挑戰），另一名中校，飛行員愛德華．雷佩爾上尉；雨果．史匹納特利上尉；搜救專家瓦德瑪．柏格紐中尉；無線電操作員米蓋爾．波楊；還有技術士官路易．帕雷德斯。我們準備好編號FAU 508的C-47和當作後援的FAU 519號機：引擎、高度測試、暖氣系統、氧氣筒、攝影機、高度表矯正器全都沒問題。我們預定執行十二月八日的任務。

我們的任務還加入了罹難者之一的父母和友人：哈雷先生、卡尼薩醫師、裴茲．維拉洛先生、尼可里奇先生，以及以乘客身分陪同的羅德里格茲．艾斯卡拉達先生。

我研究過571號機的每個細節，根據聖地牙哥塔台的飛航資料紀錄、飛行時間和速度，我在民航地圖一號影印稿上標出了我認為我們會找到殘骸的地點。

另一份顯示我推斷墜機位置的地圖副本留在蒙得維地亞的第三中隊，而且，我們一回來，就證實了那正是 FAU 571 墜落的位置。

任務總共要進行十天，除非烏拉圭空軍下令更改。

我們在一九七二年十二月十日前往聖地牙哥，技術性途經門多薩。但在普拉塔河上空，二號引擎故障迫使我們緊急迫降在帕洛瑪。這是一連串挫折的第一項。為何在帕洛瑪？因為我們想要避開布宜諾斯艾利斯的紐貝里或埃塞薩機場的塞機，否則會耽誤更久。

換好新引擎後，我們當晚離開帕洛瑪前往莫隆鎮，加了八百加侖的燃料（能讓我們連續飛八小時）再前往聖地牙哥。我們抵達門多薩－烏斯帕亞塔，再繼續走克里斯托航線（用目視飛行規則，不靠儀器飛）到洪卡爾。我們讓 23035 呎高的阿空加瓜山保持在我們右邊，一路往南前往聖地牙哥。但就在經過巨大的克里斯托峽谷時，我們昨天剛換過的二號引擎又回火了幾次，迫使我們減速。

我們的引擎在安地斯山脈上空不聽使喚的那種不確定時刻，我想起法國飛行員兼作家聖修伯里[2]寫的一首詩，他也常在這些山上飛行。在我們經歷過的這類危機中，聖修伯里會向所有飛行員的守護神聖母馬利亞禱告，他相信聖母永遠與我們同在。

駕著C-47飛過這些巨大綿延的山脈，發生問題或事故時會讓人心中既敬畏又恐懼。

二戰期間，聖修伯里開的飛機像我們一樣是活塞引擎，他也開這種飛機為盟軍出任務，從西西里島飛往納粹占領的馬賽途中失蹤。他一直沒被找到。

最終，我們安全抵達聖地牙哥。

2 譯註：聖修伯里（Antoine de Saint Exupéry，1900-1944），法國作家、飛行員。二次大戰時，在一次執行飛行任務時失蹤。傳世之作有《小王子》等。

第14章

璜・卡洛斯・卡尼薩，羅貝托的父親

智利搜救隊放棄第一次搜索的五十天後，冬天的雪終於開始融解，烏拉圭空軍發動了另一次搜救任務。指望他還活著既不可能，也很荒謬，但毫無疑問我一定要上那架飛機。全家人都需要。要是羅貝托在身邊，他會親自跟我說：「爸，你非去不可！」

空軍改裝了一架雙引擎C-47用來搜索；智利人只有比較小的四引擎DC-6飛機。C-47似乎不大也不小，任務好像不危險也不容易。事實上我對一切都很冷淡。我已經痛得麻木了。人生成了一片灰色。

我們飛過亂流之後抵達聖地牙哥。搜救主管侯黑・馬薩中校告訴我：「在安地斯山脈發生過的三十四次墜機中，從來沒有人生還。毫無希望，卡尼薩醫師。你是醫生；試著理解吧。」他又說就在一個月前，有架美國飛機——先進科技的領頭者——墜落了，同樣沒找到。

我們開始從普朗雄飛越山脊，從北往南飛。從第一天起，我們就知道搜索會很困難。飛機四處散落，我們又無法看清地面上的東西。十二月十一到二十一日之間尤其不順，而奇怪的巧合是，那正是南多和我兒子徒步下山的日子。

第15章

十二月十一日夜裡，我仰望著天空，仔細聆聽。**應該要出來找我們 FH-227D 殘骸的那架該死的 C-47 到底在哪裡？它在哪裡搜索我們？會跟我們擦身而過嗎？會重演毫無收穫的十月搜索嗎？有人想過這次編號 508 和我們的倒楣編號 571 數字加總都是不吉利的 13 嗎？**我心裡還有另一件事。救援飛機應該會搭載一群專家——還有一些罹難者家屬。我爸——醫師、務實者兼科學家——會在飛機上，對下一座山的景象懷抱希望，就像我們翻越安地斯山脈這樣嗎？

我一說出準備好隔天十二月十二日出發，立刻後悔了。但是不能回頭。一群人開始忙著為我們的旅程作最後準備。我感覺就像個死刑犯，抱著一絲希望會突然有事——什麼都好——來延後行刑。

有些夜晚我可以在機身裡休息，但有些時候我因為太冷、不舒服和恐懼而睡不著。

偶爾，我會純粹因為太累而昏迷。我們出發前夕，我因為必須爬上那道冰壁深感驚恐而無法闔眼。

第16章

第一天：十二月十二日

在黎明的第一道光線下，我們向在淚之谷的十三位朋友道別。卡利托交給南多他死於墜機的母親尤金妮亞在門多薩買給她新生小外甥的禮物。「我會留著另一件，因為我知道很快這兩個東西就會重逢。」他以驚人的信念說。

哈維耶．梅索抓著我的雙肩。他在雪崩時失去妻子，蒙得維地亞家裡還有四個小孩等著他，告訴我：「羅貝托，我相信你一定做得到。」

他說得斬釘截鐵，我知道他相信我遠超過我相信自己。

我們早上七點出發，利用堅硬的積雪，上面還覆蓋著一層冰。我帶著睡袋和塞滿食物的橄欖球襪，身穿外套，三件套頭毛衣，包括蘿莉那件，三條牛仔褲，一件套一件，因為我瘦了很多才穿得下。我帶著裝了剪刀、針線、防曬用的女性化妝品和飛機羅盤的箱子。南多揹著背包，像我一樣盡量多穿衣物，裡面是一件女性保暖內衣。丁丁扛了最多東西，也穿著三層衣服。此外，我們都在背後綁了充當雪鞋用的兩個坐墊、一根金屬手杖和一捆繩索。

我開始往西走，一邊懷疑哈維耶·梅索的信心從何而來。這讓我想起我媽盲目的永恆信仰，讓我停下來多看了他的眼睛一陣子，看他是否知道什麼我不知道的。因為在這山上，我們都培養出某種地震雷達，能察覺周遭世界看不見的變化。

出發一百呎來到冰河邊緣，我決定用一種我整趟路程不斷使用的策略。我給自己設定許多可達成的小目標幫助自己前進。可能只是爬到下一顆岩石，下一個懸崖，下一個石堆，心無旁騖只專注在一個小目標。我無法規畫長遠，更別說想像旅程的終點了。我反過來專注在此時此地，專注在什麼是可行的，而每個成就都鼓舞了我的士氣。

我們一路前進時，變化的光線照亮了地形。一個山峰可能其實是一連串山峰，山的光影欺騙了我們的眼睛。

趁積雪還堅硬，我們得以在第一道斜坡爬上感覺好幾公尺，從斜角方向開始準備最後的正面對決。但我仰望時，感覺好像原地踏步，好像我們根本沒前進，因為岩石群沒完沒了，看起來像兩小時路程，其實要耗上半天。所以我才專注在短期目標。不久，我們會專心計算我們的步伐，每次辛苦地走上三十三步。被雪崩震鬆的積雪裂縫充當我們前進時的指標。很快，第一道金光照在大地上。

雖然地形景觀害我們誤認幾乎沒在前進，機身成了另一個指標，在遠方越變越小。朋友們從遠處看著我們攀爬。我偶爾轉頭看他們，直到他們變成模糊的小點，像雪白帆布上爬行的小黑蟻，在遠方逐漸消失。難怪救援飛機看不到我們。我們根本隱形了！最後，我再也看不見我們的朋友，維繫我們活命的臍帶終於被切斷，我感到一陣短暫焦慮。遠離積雪山谷中殘破機身這母體的溫暖，現在我們得自求多福了。

中午時分，雪變得鬆軟泥濘，迫使我們穿上土製的雪鞋。因為這片冰壁看不出明顯路線，我提議我們分頭找最容易通過的方式。我叫南多散開到幾公尺外，走山上較高處的平行路線。丁丁和我留在下方。但我們發現南多的路線充滿鬆動岩石，不久開始有小石頭滾下山，差點打到我們的頭。於是我向南多大喊快回來，我們排成縱隊繼續前進，我們下方有小石頭彈跳著滾下山。

當去路受阻又無法以鋸齒路線上山，我們必須攀爬冰壁，把腳挖進去，身體貼近山壁。山勢一步步越來越陡，我們開始以令人暈眩的角度攀爬垂直絕壁。

到了大約下午四點，山上出現斑點狀陰影。寒風吹起，每一步都感覺更加吃力。每次在冰上跌倒爬起來要花更多力氣。因為走得太快，我們開始頭暈，也因為身處這個高度空氣稀薄而開始脹痛。這種時候我專心想我的小目標，告訴自己我會走到下一顆岩石，現在我看不見，因為它在下一個上坡之外。但當我們抵達頂端時，發現還有更多山頂連綿不斷。

我們很快學到了在安地斯山上必須忍受的三種氣候。首先是無風的寒冷早晨，讓雪夠硬可以行走，直到陽光把土地曬暖。然後積雪會在中午左右變軟，我們得穿上土製雪鞋才不會下陷到腰部深度，然後我們遲早會因為穿太多衣服開始冒汗。最後，天空開始有雲，太陽漸漸暗淡變模糊，到了黃昏颳起寒風，吹得我們連內臟都在搖晃。我們感覺像沒穿衣服，因為寒氣滲透入骨。那是該停下來過夜、測試最大未知數的信號：自製睡袋能否抵抗安地斯山脈的冰凍。在第一晚，我們犯了個幾乎喪命的大錯。

我們繼續在下午的冷風中前進，陷入黃昏的狂風中。我們沒有在黑夜包圍我們、寒風像皮鞭鞭打我們之前找地方紮營過夜，想在第一天盡量利用光線拚進度。我們猜想第二天我們會更疲累。我們也以為這趟路程只會花兩天，頂多三天。既然想我們會一天天變虛弱，便覺得繼續前進比較好。然後太陽轉眼就消失了，只剩黃昏的餘暉。我們汗濕的衣服開始凍結，這時我們才開始找地方擠著過夜。

但是光線昏暗，寒風又越來越冷，營地很難找。情急之下，我考慮像我們往東走的那一夜在雪地裡挖條壕溝。但是地面太硬了，我們在稀薄空氣中連呼吸都沒力氣。我們痛苦地發現這兩個月來的嘗試錯誤並未讓我們準備好在高山頂上求生。在高山上，我們必須學習在另一種環境中活命。

黑夜迅速吞噬了餘暉，我們幾乎看不見自己會踩到硬地還是掉進峽谷。**我在這裡幹嘛？天啊這是什麼鬼地方？**我努力在累積的焦慮中呼吸，告訴自己這只是另一個指標，是我必須跨越的另一個短期目標。我得保持冷靜，對上帝有信心，祂一定不會讓我失望。

我想像自己到達似乎很近又好遙遠的山頂之後，會看到那架 C-47 在另一邊搜尋我們，近到我們伸手可及。如果它老舊閃爍的燈光足以撐過二次大戰，我很確定它在只需要跟大自然作戰的承平時代也能發現我們。

另一方面，我想起我們可能在第一晚就會死掉而永遠無法活著看到它，忍不住流下痛苦的眼淚。同時間，南多和丁丁叫我，因為我視力最好又跟女友的家人有露營經驗，這讓我成了在這種極端生存狀態的所謂專家。但在這裡，沒有道路，沒人可以求助，沒有緩緩流過溫暖谷地的小溪。只有世界之巔，我們在此被想讓我們被人遺忘的憤怒寒風鞭打。其餘人焦急地向我喊叫，但我聽不到也不想聽。我得集中所有精力，在即將陷入一片漆黑的漸暗光線中找到庇護所。

但就像我被逼到絕境時的慣例，絕望沒有令我畏縮，而是更努力奮戰。在夜晚掙扎也好過放棄等著凍死。那一刻，當一切似乎絕望，像雪崩時全世界彷彿被消滅，我看到了：深谷邊緣突出的一塊岩石底下，有塊被風吹平的空地，我們可以在那裡張開睡袋撐過可怕的夜晚。我在最後餘光中指著它，因為我連話都說不出來。一個錯誤舉動就可能要我們的命，但是若能擠在一起躺著不動，或許我們能活過這一晚。

我們不敢相信我們的運氣。我們也不敢相信我們在雪鞋坐墊上攤開睡袋方便入睡時，風勢竟停了下來。月亮在黑暗中升起，照亮了我們剛爬上的陡坡，俯瞰著飛機殘骸所在的谷地。星辰彷彿變近了，周圍寂靜到我們幾乎能嘗到它。我們爬上這座冰峰的迫切疑問終於有了答案：睡袋雖然僵硬，但證明足以保暖讓我們呼吸，避免凍死。我們的瘋狂發明成功了。

第17章

飛行少校魯本・泰拉

一九七二年十二月十一日，我們開始搜索，天氣許可的話，每天盡量飛三到五小時。我們從洛斯塞里約斯（智利的聖地牙哥）附近的庫里科開始，進入普朗雄，再轉往N0050，跟著那架費爾柴德FH-227D的推定路線，最後降低到一萬五千呎的廷格里里卡之間，布魯荷山在我們左邊，帕洛莫和索斯尼多山則在右邊。我們天天重複飛相同的路線，採圓圈和8字形飛行。

但麻煩總是隨時等著冒出來。在山區，二號引擎又故障，發生回火還從蒙皮上吐出燃料來。這真是最糟糕的故障地點了。機械工路易・帕雷德斯一面注意引擎，一面喊：「引擎順槳，否則會起火！」

我試著從故障引擎擠出一些動力來，但是天啊，沒有用。我們必須「順槳」（關掉引擎讓螺旋槳在最小空氣阻力下旋轉）。因為逆風飛行，我改變航向離開山區穿過通往普恩特尼哥羅、拉魯菲娜和欽巴龍戈的克拉魯河谷。只憑單引擎又喪失高度，花了五十八分鐘才抵達洛斯塞里約斯，但我在順風中成功降落在三號跑道。我不敢掉頭重飛。

回到地上一分析，我們應該利用山上的強風滑過索斯尼多谷地到安地斯山的阿根廷側，毫無風險降落在門多薩才對。（那是我的錯。）

我們的整個任務充滿了這類厄運。另一例就是有一次我們在聖艾蓮娜山頂上發現看來好像人造的十字形。我們從各種方向和角度拍了照片——讓我們耽誤了兩天。

在聖地牙哥，智利的搜救總部，我們研究了兩端各有五個尖角的十字形照片，有人大費周章做得很完美。因為堅信找到了飛機，我們的心智很容易把積雪錯看成機尾、方向舵、看似連著引擎的機翼。我們很確定我們找到了。

回想起來，那就像仰望天空時發現雲朵有特殊形狀。

發現深山裡面有那種東西我們都很震驚，因為這表示至少有某些乘客在墜機後生還。

卡尼薩醫師說：「如果我兒子墜機沒死，我相信他現在還活著。」他建議我們立刻開始用降落傘空投物資。

我透過超高頻無線電聯絡智利空軍叫直升機，但發現唯一能飛的那架是薩爾瓦多．阿言德總統在使用。

我從智利的搜救總部打電話去阿根廷的門多薩，因為那邊的主管是我朋友，我請他幫忙。我告訴他我需要一架可以低飛看清地面又有足夠動力脫離的噴射機，我們的螺旋槳舊式 C-47 做不到。

隔天上午九點，我們的 C-47 在墜機點上空盤旋，標出位置通知阿根廷空軍的 F-86 軍刀機，它飛行通過了四趟。戰鬥機飛行員用無線電回報：「那是用多種天線排列成十字形的氣象站，窗子裡有一男一女向我揮手。沒發現飛機或生還者。」

原來有一對阿根廷地質學家在三天前進駐山上研究當季的降雨和積雪情況。（我們後來得知他們的基地距離實際墜機地點並不遠。）簡單說，我們為了一個幻覺，找到生還者的夢想，損失了四十八小時。我們只能不確定又洩氣地重新開始。

但此刻我們勢必要找到這架飛機。這已變成一種執念。

第18章

第二天到第四天：十二月十三至十五日

不安的一夜過後天亮了，我們等到鞋襪在附近岩石上解凍才繼續攀爬。我們抵達大約海拔14700呎。山壁仍然接近垂直，我們得把腳深掘進壁面繼續推進。當我們可以單純步行時，因為空氣太稀薄了，必須每走幾公尺就停下來喘氣。更高處，冰冷的風今天較早颳起，很快就像第一天那樣讓我們寒意入骨。我們步行的每個階段都不穩定，難以預測。

我看到某個東西後停下腳步。前方好像有兩條路通往東方。有一瞬間，我以為又是幻象或光影的錯覺。我脫下自製墨鏡揉揉眼睛，但仍然看到兩條平行小徑。我告訴自己，**這是某種幻覺**，便繼續攀爬。但我的強烈懷疑揮之不去，幫助了我專注在極度疲勞與呼吸困難以外的事。幾小時後我再度往東望向阿根廷，又看到了，因為先前被其他山峰遮住而看不見的兩條線橫過山壁。但現在清清楚楚出現了——而且延伸到遠方。

起初我什麼也沒說，但我感覺心跳開始加速。**雪中那兩條黑線看起來像路。但是不可能，是吧？**我尋找停留之地好讓我更仔細從遠處研究它。南多和丁丁在前方遠處。我敢發誓那兩條線比其他幽靈影像更真實，但同時也很遙遠，看起來難以接近。多年後我們才得知那是通往阿圖埃爾河索米納硫礦的路。上面那條是卡車走的；下方那條靠近河邊，是牲畜走的。

我趕上南多和丁丁告訴他們這件事。在我看來像是令人興奮的全新可能性，他們只解讀為高山玩弄我們心智的另一個花招。

那個下午我們沒有重蹈覆轍。日落之前，我們找了塊相對平坦、比昨晚大一點，只是有點傾斜不安穩的岩石，攤開我們的睡袋過夜。

隔天早上，我們上路的第三天，我留在後面看著往東的通道，想確認改變的光線證明黑線真的是路，還是只是某種地質幻覺。南多和丁丁把背包留給我，他們繼續往山頂爬。

我必須查證我看到的是不是真的。如果真的有路，我們就得救了。但要是我們回頭結果是個錯誤，我們就完了。又一個艱難的決定。我必須確定——就像我處理飛機電池組那樣——那條路的生存機會不高過另一條。

四小時後，下午兩點，丁丁精疲力盡地回來。他叫我跟他上山，因為南多終於抵達山頂了。

「你們看到了什麼？」我焦急地問。

「我沒上山頂，因為太陡又有太多鬆動石頭。南多說你最好自己上去看看。」這讓我很洩氣。如果他看得見智利的綠色谷地，還有欽巴龍戈、拉魯菲娜、普恩特尼哥羅……南多不會這樣傳話給我。

我花了三小時才到山頂。南多佇立一旁，默默望著遠方。我走了幾步就知道理由：我們在真正的峰頂上，彷彿是世界之巔（將近 17000 呎高），我們面前的西方只有無數的巨大雪峰延伸到地平線。以我們衰弱的體力過不去。我轉身發現 360 度都是相同景觀。我感到肩上無比沉重。雙腿開始發軟，我想坐到岩石上時差點暈過去。**我們死定了。欽巴龍戈、拉魯菲娜、普恩特尼哥羅都是幻影。都只是地圖上的幻象罷了，生者世界的謊言。**

即使南多像我一樣洩氣，他也沒表現出來。也可能他已經克服絕望，相法不同了。就像我花很多時間看著往東的通路，他一直往西看，尋找那寄託我們希望的地方。他注意到兩座較矮小、顯然沒積雪的雙子峰。

他指向雙峰之間的可能通道，形成類似Y字形，一條通往西南，另一條通往東南。我跟著他的視線。太瘋狂了，但他好像是對的。有個Y字形蜿蜒通過山峰，兩個峰頂似乎已經解凍。但它們在很遠的距離之外。我想說話但發現不值得。無論我們做什麼，都只是越過無數的虛擬銀河障礙，有土星、天王星和海王星，還散落著無底黑洞。

有一點很清楚：如果我們走這條路向西，就不能回頭。我們永遠無法再爬上這座山。南多是在要求我破釜沉舟跟他走。

見我沒回應，他問：「你百分之百確定你看到的那條路往另一個方向？」

我聳聳肩。「我想是。」我說。

「我們必須一起走。」他說。

下方，當我在檢視可能的東方通道時，聽到了重新搜索我們的C-47引擎聲，如同我們從收音機聽到的消息。我告訴南多，他仔細聽了但不認為那是可行的選項。他再度要求我跟他走。

挑戰那條險路似乎太瘋狂。我考慮告訴他我們可以試試往另一方向的路，即使無法計算我們的成功機率，甚至無法測量距離。我們可以聽 C-47 的動靜，用我們的手向它發訊號，用我們的意念指引它……我想要告訴他。

這時，我發現無論我提出什麼替代方案，他們都不會同意。我說服過他們留在機尾段修理無線電，結果大失敗。也說服過他們等待雪融。我無法單獨走完這段長路。

南多逼問我的答案：「你要不要跟我走？」

他要我同行是因為我視力好，會看地圖，還說我有好點子，不會因為遭受壓力而抓狂。此外，他有食物而我有睡袋。我們分開來走都不會成功。然後我想起家父說過當你度過精疲力盡的一天，不要作重大決定。那是災難的成因。

「我明天回答你。」最後我說。

我沒說出來但是心想：**萬一我們在那邊遇上致命暴風雪呢？**我告訴自己，最好別去想它，最好別去想可能困擾我們的所有可怕事物。

一直都很務實的南多已經在走向西方雙子峰的構想上多加了一筆。他會叫丁丁回去機身，騰出較多糧食和睡袋空間給我們。此外，如果那架 C-47 真的找到墜機點，他可以告知他們我們已經往西走不回來了。

這主意還不錯。

我們走回下方我們過夜的岩石，丁丁還在等待。我們抵達時只剩黃昏的餘光，而且累壞了。

我們上路的第四天隨著燦爛陽光展開。零下二十度的夜間低溫凍裂了我們用來裝水的瓶子。我眺望無盡的白雪和晴朗的藍天，感覺群山都臣服在我腳下。彷彿我暫時壓制了它們。但我知道南多在等我答覆。我心裡有點想要回到脆弱安全的飛機裡，好歹我們存活了兩個月，但機內的生還者會多麼失望。繼續前進，進入未知，雖然報償大得多，感覺風險也更大。

但更難的決定是讓南多獨自繼續走下去。我比以往更加堅信我們必須一起行動——至死方休。

我告訴南多後，他掩藏不住喜悅。至於丁丁，他很高興能回去飛機，因為這兩天來他累慘了。他也同意因為迄今的路程比我們想像的遠得多，我們最好多帶些糧食。那才是真正的團隊合作。

那一刻，我重新設定焦點。這兩個月來，機身一直是我的導向燈塔；現在改成遙遠的地平線和無積雪的雙峰了。不必再折衷遷就。現在是一翻兩瞪眼了。

我們已經死過太多次；再死一次又如何？在我看來，我寧可死在外面雪地也不想死在機身墳場。

我向丁丁討他的羊毛帽，我們擁抱道別，我告訴他如果 C-47 先發現他們，就告訴他們我們筆直往西走了。

穿著臨時雪鞋慢慢地滑下山之前，丁丁問了我最後一個問題。他想知道剩餘遺體的肺臟能不能吃；剩餘糧食不多了。

「每個細胞，每一點蛋白質都是營養來源。」我告訴他。

當我看著他滑下山回去，發現我們要回頭還不算太遲。我們還可以改變主意。但過了這一刻，就沒有回頭路了。想法突然改變。起先，我們主要的顧慮是掉進坑洞、墜崖或凍死；現在則是再也無法回頭。

我們短暫地延續昨晚的對話。只有一個正面的做法。但如果我們看不見機身，那架

C-47 也不會看見。它是深埋在雪地中的靜止小點。另一方面，我們則是在山頂上兩個移動的點。或許這架特別改裝的飛機會發現我們。我根本不知道它那時就飛在我們的高度。

一九七二年十二月十五日星期五，當天剩下的時間我們就在岩石上休息，準備最後的衝刺。天黑之前，我們吃了些肉和脂肪，喝一口蘭姆酒——用我們在門多薩購買，在機尾段發現，留到這趟路用的瓶子——吃了一立方公分的牙膏然後鑽進睡袋裡。太陽在東方谷地照出陰影時，另一個選項從我腦海淡去；現在沒別的選擇了。我們得往西走。就像漆黑的安地斯山天空中的兩顆流星。

「要不是我們快死了，你能想像這有多美麗嗎？」南多問。

我們陷入深深的沉默。我們擠在一起，不只取暖，也是壓抑對未知的驚恐。我們都知道我們可能要死在這裡了，但死神不會輕易得手。因為我們已準備好反抗。我們抱著這個念頭，加上安詳的環境和幻想中 C-47 強力的引擎聲在遠方怒吼著飛向我們，我們終於難得地睡著了。

第19章

第五天：十二月十六日

天亮之前，我想要睜開眼睛，但是沒辦法。

這是什麼地方？

我揉掉凍住我眼皮的霜。一點一滴，我想起來了：我經歷過的事，還有更重要的，我必須做的事。我終於睜開眼睛，暈眩地躺了一會兒。

我們穿上幾乎結凍的釘鞋展開爬山任務。我們小心地走到兩天前我們來過的岩頂，站在世界之巔。掃描無盡的雪白景致，我發現了南多告訴我的無積雪雙子峰。

敬畏讚嘆之後，我們開始下山。我們尋找最適當的路線——但是並沒有這條路。坡度很陡，下方的山谷深不可測，我們感到的不是恐懼，而是暈眩。每一步都殘酷又窒礙難行；虛無吸引著我們跳下去一了百了。

我們緩慢下降，用盡全力抓緊突出的石頭，努力在從積雪下突出的石頭上穩住腳步。有些路段我們幾乎是坐著拱起背滑下山；其他時候，我們臉貼著懸崖，小心不讓我們的背包（用褲腳綁死的牛仔褲做的）把我們往後拉。我們互相照應，隨時保持警戒。

山在沉眠，但我懷疑，它何時會開始怒吼？即使我們的體力還可以，我們也不敢大聲講話。

不久，我累了，腰部以下開始失去知覺；我已經感覺不到我的腿。但我的意志還在驅使雙腿運作。

不久斜面變得比較平緩，讓我們得以規畫路線。

突然間，我回到了家裡：我在花園裡，看著十二月開花期的樹木；從外面的人行道上，我能看穿我家的牆壁。我的母親和兄弟們都在。我想起我弟康奎和我發明的遊戲，像是我們爬到樹頂上，把自己綁在滑輪上，比賽誰先落地。大家都說我們瘋了。但比起現在實在不算什麼。我想要跟兄弟們講話讓他們陪伴我，但我一張嘴，他們就消失了。

隨著陽光變暖，高山也活了過來，開始在我們的腳下崩裂。這一側的斜坡似乎跟另一邊很不同；世界上沒有東西是造來攀爬的。只有雪崩敢踏足這裡。

康奎，還記得我們用兩個桶子加一張桌子做成木筏划過湖面嗎？它沒有沉沒，我們也沒淹死。那不叫瘋狂，根本不算。這次——這個！——才是瘋狂。

我們來到一處積雪鬆軟的懸崖，呆若木雞站了好一會兒。沒有突出岩石可以攀爬，只有這一大片鬆散的雪。不時還會有一小塊脫落掉進深谷裡——偶爾夾帶著山壁上的岩石。**現在怎麼辦？**我們唯一的希望是遵循重力定律選個積雪能落到最低平地的地點——避免直接一路掉到山下。真是個妙計：一次一點地縱身跳進虛空中。

「我們往哪邊走？」南多問。

「這邊……」

我們坐在放到雪地上的坐墊開始往下滑，一路製造小型雪崩。起先，沒怎麼樣。我們更用力，滑遠一些，底下的積雪突然跟上面的我們脫離。這是一次誇張的自由墜落，無法解釋的暈眩，我們像颶風中的羽毛隨著雪崩前進。我們掉得又遠又快，無法回頭。一口氣間，我們把雪塊當雪橇坐，掉了將近六百呎。幸好，沒有致命的巨石跟著我們掉下來。我們墜落直到撞上一小片平地，趕緊跑開讓其餘的雪崩從懸崖上轟然掉落而不會砸到我們，四處迴盪著它的吼聲。我們驚嚇自己滿身是雪，面面相覷：**我們沒事嗎？**

對。我們沒被自己的金屬手杖刺穿，也沒有人斷手斷腳。我們是瘋了嗎？老實說，我們老早在墜機那天就瘋了。我們只是行屍走肉。

南多先起身出發，但這次我們腳下不只是雪，還有薄冰。更糟的是，低處沒有平地了。南多消失的斜坡下可能通往變硬的積雪，更可能是被雪覆蓋的岩石。他落地發出一聲令人作嘔的悶響。我俯瞰他，嚇得癱瘓。

這一刻，畢生經歷浮現眼前，我大喊：「你還好嗎？」上千個可怕影像閃過我腦海，其中最糟的是南多可能死了——而我落單了。這一定就是洛伊．哈雷在雪崩之後以為只剩他和吊床上的幾個受傷乘客倖存的感受。我猜想，南多至少會摔斷腳踝或腿吧。那我們會怎麼樣？直到那一刻，我們都沒考慮過如果有人受傷，我們該怎麼辦。現在，起碼我們有答案了：健康者扛著傷者直到找到休息處；或者傷者跟睡袋留下來，讓健康者去求救或不幸喪命。

下方傳來他的聲音驅散了我的悲慘念頭，他從雪中探出頭來。

「看！我沒事！」他揮動雙手雙腳說。

我望著他一會兒，驚魂未定。

我看著南多學到了一個教訓。不能自由地滑落，我成功利用手杖減速，像手煞車一樣深深插進雪中。

山上的景觀開始改變。不久我們來到一個布滿峽谷的區域，峽谷間的廣大地面遍布鬆散岩石，像大頭釘似的插在雪中。陽光融化了這面斜坡的更多積雪，露出底下更多鬆動的土石。四十度角傾斜變成了六十度角急降。

我們猜想可以像在鬆軟積雪中那樣，像末日騎士卡著地面跟著土石流下去。我們後仰坐在斜坡上，來回搖晃讓鬆散的石頭鬆脫，然後我們脫離，滑下山，伸出我們的雙臂保持平衡，直到我們來到下方的平地。接著，我們氣喘吁吁地再來一遍。

當我們抵達最後的溝槽，沒有鬆散岩石了，我們也遍體鱗傷。我最外層的牛仔褲磨破了幾個洞；幸好我裡面還有兩層可以保暖。

到了下午四點，我們累趴了。我想吐，幾乎解體的全身到處都痛。霧氣開始出現，我們尋找安全的過夜地點。但是找不到。

黃昏來臨時，我們終於找到一個相對平坦、仍有二十度傾斜的區域。只能湊和了。現在我們得想辦法睡在這裡，坐下把我們的雙腳伸出懸崖邊。我一直擔心那道彷彿要把我們吸進去的裂縫。

我眺望周圍的山區景觀。我們是這裡唯一突兀的東西，完全不合理，誤闖不宜生存的環境。除非我們能改寫命運，不然遺骨將留在這片無機物的背景中。

我們試著在坐墊上攤開睡袋，但它一直滑掉。我們換邊，再試一遍。還是不行。我們會緩緩滑向崖邊。意思是，除非我們把手杖插進地裡當作障礙。迄今我們已經發明過很多救命的東西，多一個有什麼難？我們用釘鞋充當槌子把鋁棍釘進地上。

「好了。」我告訴南多。

我們小心翼翼地鑽進睡袋躺著，靜止不動，隨時可能從側面掉下去。我們挽著手臂把腳靠在手杖上，就這樣在山上又有了新發明：幾乎是站著睡覺。

我們又累又冷，但不敢熟睡。我們不能移動交叉在手杖上保持平衡的腳。**萬一我熟睡時踩空怎麼辦？**

說不定又是另一個教訓了。

第20章

飛行少校魯本．泰拉

我們回去我們的起點，廷格里里卡、帕洛莫、索斯尼多……

但我們經過這麼多事之後變得焦躁，油壓、溫度或燃料錶指針任何一點波動都讓我們緊張——跟我們該要的冷靜與鎮定正好相反。因為我最年長，不論內心有何感受，我有職責表現出信心。我必須盡力找到勇氣。更別提我還得非常警覺，因為C-47引擎要故障時，會開始透過儀表逐漸顯示出跡象。我必須作微調，例如縮減油門；否則它們可能突然失靈，指針上下震盪。

好幾天過去了。我們花掉三十幾小時搜索，在最後一天，十二月二十一日，我們飛越廷格里里卡、索斯尼多、帕洛莫和艾布魯荷群山時，麻煩又上門了。二號引擎再度爆炸閃亮，我們飛過一處大峽谷時，燃料開始外洩。**不，怎麼可能！**機工帕雷德斯從座位上起身，抬頭向駕駛艙大喊：「引擎順槳，不然會起火！」同時，無線電操作員收不到門多薩的氣象報告。我們這樣無法運作！所以我們轉向飛往馬拉格，以便隨著氣流飛向阿根廷側。但是塔台回報他們的跑道只有六百米，因為其餘部分在整修。我們也不可能降落在那兒，更何況只有單引擎！唯一選擇是轉往門多薩南方小型的聖拉斐爾機場。單引擎飛到那裡大概要花一個半小時。

你感覺得到死亡的恐懼，幾乎聞得到氣味，因為它有時近在眼前，散發出痛苦與焦急的感覺。但也強迫你保持頭腦冷靜，神智清楚。當你是指揮官，你得隨時帶給大家信心。

飛機喪失高度時，我們規畫離開索斯尼多谷地，小心不把一號引擎催過頭，抵達了阿根廷側山腳。我持續尋找降落點，以防一號引擎掛掉。但是我東看西看，都是山脈、山峰、巨岩……無疑魔鬼要不是已經登機，就是近在眼前了。

我們在一萬呎高度通過最後一座山之後，已經飛了一小時四十五分鐘。根據操作手冊，因為我們載重太多，一號引擎仍可能掛掉……但它沒有。「今天我們不會死！」我向其他組員信心喊話。

因為發生過的一切，我們百感交集地降落在聖拉斐爾的29號跑道——憤怒、緊張、激動。幾乎不敢相信我們能活過這麼多阻礙，只是挫敗仍在我們嘴裡留下了一點苦澀。

第21章

第六天：十二月十七日

第六天的黎明，我們開始解凍。我幾乎沒睡，即使有時睡著，仍一直保持警戒。雪變堅硬了，而且沒有風。我們設法走下更低處的峽谷，在硬雪地上再度出發。南多帶頭，我踩在他的腳印上以節省體力。他會不時停下來等我。等待時他可以休息，但我一趕上，我就沒時間休息了。我們必須利用上午的硬雪。

「你看呢，走高處的還是低處的路線？」他問。

「高的。」

「你想我們過得去嗎？」

「我們走高路線吧。」

我仰望前方時，南多突然停下腳步，坐在附近石頭上，雙手抓著他的右腳。**兩天來**

我害怕的事終於發生了嗎？他扭傷腳踝或骨折了嗎？如果他受傷，我們就慘了……即使輕傷讓他無法走路也會是大災難。全贏或是全輸……我趕上去之後，發現他的鞋跟脫落，如此而已。他用我們攜帶的備用鞋帶綁好，我們繼續前進。

我抬頭發現有雲朵。**萬一我們遭遇像上次在機身裡差點死掉的暴風雪怎麼辦？我們死定了。**有太多可能的死法，最好專注在我們會活下去的渺小機率上。**低下頭，繼續走。**

南多繼續打頭陣。那是我們說好的策略。從後方，我可以看清地形找出最佳路線，尤其是他近視而我的視力較好。他把強大體力用來開出一條路。他不浪費力氣猶豫；那是我的工作。

策略奏效了，因為他不能允許自己想起他多麼急著抵達我們的目的地。舉目看不見終點，如果他魯莽行動，有絆倒摔斷腿、扭傷腳踝或掉下峽谷的風險。如果我們要克服不可能之事，他需要我的謹慎，我也需要他的體力。

早上十點左右，我突然聽到引擎低鳴聲接近，越來越響，彷彿要從天上掉下來了。我抬頭但是什麼也沒看見。

「是那架 C-47 ！」我向南多喊道，他因為在前方太遠沒聽見。「那架 C-47 來救我們了，南多！很近，我確定！」

＊　＊　＊

多年以後，我聽過各種理論解釋我們沒有任何裝備、虛弱、寒冷又差點餓死，如何成功翻越安地斯山脈。有人說是因為我們橄欖球員的體格很好，我們已經學會了團隊合作，毫無爬山經驗反而讓我們無所畏懼。但我受的橄欖球訓練幫助很有限，因為我瘦了將近七十磅。

翻越山脈的第六天，我學會當你在生死之間走鋼索，絕對不能絕望。不是活就是死；不是放棄就是繼續奮戰。當你決定不能放棄等死，就會找到自己都不曉得擁有的力量，超越你自認可能做到的極限。我就是這樣活過了第六天。我內心有什麼活過來了，超越意志的東西。有時候我感覺好像再也走不動，但是不知何故，我的腿仍然繼續前進。

長征最困難的部分是永遠荒涼的景觀。我們在此蠻荒之地孤立無援。兩個環境，在機身內和安地斯山的另一側，以某種方式形成對稱。**我們需要景觀變化**，我喃喃自語。我們往東走發現機尾段時幾乎成功了，注意到岩石下有濕氣，表示我們在接近比較溫和的地區。但我們沒有繼續前進，而是回到機身以便嘗試修理無線電，回到同一個窒息、冰凍的氣氛。

三天前，如果我們掉頭往東前往雪中看起來像路（其實就是）的黑線，原本有機會逃脫。

同時，自認在這片異域是侵入者的我，現在開始認同這裡了。在機身裡，我們是墜機後的二十九名生還者，然後十九人，最後十六人，對抗想要消滅我們的大自然，但我們團結一心對抗這座山。

飛機殘骸消失在視野遠方之後，我們和朋友們的部分連結也消失了。我們沒有感覺像局外人，反而開始認同西邊這片亙古不變的無機岩石區域。現在我屬於這裡。機身的溫暖開始在我內心變冷。我很珍惜的人類互動現在屬於另一個時間，另一個地點。這些無所不在的新環境強大到另一個環境開始消融。有時候，我根本懷疑它是否存在。

在心理壓力、缺氧和疲勞之下，我的心臟彷彿差點從胸腔跳出來。我會停下來一次休息十到二十秒。然候再走三十三步，氣喘如牛。

我們倒退了兩萬年，回到冰河時代。不久我們也會變成區區礦物質和石頭……

現在我懂了：南多一直很想離開機身；他無法忍受再待下去。他被我們的雪中社會給窒息。他一生經歷過太多死亡。他昏迷了三天——無論如何都該死掉了——頭骨破裂，但不知怎地活了下來。他從昏迷中甦醒後，發現他母親死了。他妹妹十月二十一日死在他懷中。所以他這趟路不僅是世俗的意義。他尋求的答案就在不明的虛無中。他母親、妹妹和他的一半靈魂不再屬於生者的領域。我們是雪中兩個孤單僵硬的人影，南多比我更接近幽靈層面。

天色漸暗。我在及膝積雪中掙扎前進，衣服開始潮濕冰冷。我們來到一處可以過夜的岩石群，攤開睡袋。

唯一鼓舞我士氣的是回想聽到頭頂上 C-47 引擎的吼聲。南多說他從來沒聽到，或許他以為那只是幻覺。對他而言，外界不復存在。「那不是飛機引擎聲——那是雪崩，」他說：「我們得祈禱不要碰上。」那個下午，我判斷那是引擎聲，我堅持這個信念以維持動力。

四十年後，另一架道格拉斯 C-47 的指揮官，愛德華·雷佩爾機長——魯本·泰拉少校的同僚——告訴我他們的經歷。在我腦海裡，當他們載著家父飛過上空，我感覺到他們伸出手來幫我打氣。雖然我們的手指從未碰觸，我覺得他們的出現鼓舞了我的靈魂。

第22章

愛德華・雷佩爾上校，副駕駛

開始搜索之前，魯本・泰拉少校和我說好我們輪流指揮任務——雖然他是少校，官階較高，而我只是上尉。我很熟悉 C-47 飛機。當時，我的飛行時數有 3285 小時，其中約一千小時是開 C-47，我從一九六八年就在駕駛。我在一九七〇年當上指揮官，一九七一年成為飛行教官。

泰拉想加入任務是因為他是中隊長，而我是因為擔任作戰官。但事實上，我們都有更多私人理由願意參加。泰拉是那架費爾柴德的副駕駛但丁・拉古拉拉的好友。機上的領航員拉蒙・馬丁尼茲則是我的同學兼好友。

雖然 C-47 是烏拉圭空軍機隊的最佳搜索飛機，卻不是理想的飛機，因為引擎必須在性能受限下運作。安地斯山的高度影響引擎的爬升力，空氣稀薄也影響性能。在海平面，C-47 每分鐘能爬升七百呎，但在約 14000 呎這種高空，每分種只能爬一百呎，當你不斷飛越高山又掉進氣流中是很大的風險。好處是這種飛機能夠低速滯空，慢到時速 125 哩，讓我們能低飛仔細尋找生還者。

我們一抵達聖地牙哥，就和智利空軍搜救隊的主管卡洛斯·加西亞·蒙納斯特里歐中校和侯黑·馬薩中校會面。他們兩位都是資深飛行員，給了我們三點忠告。首先，那年的冬季解凍特別晚，會讓我們的搜索更危險。其次，如果我們太早展開搜索，上午七點左右，積雪反射的陽光會刺眼，從 C-47 窗戶幾乎看不見底下任何人。第三，我們上午十點就得結束搜索，因為熱度會在山上造成危險的亂流。

任務第一天，我們有位年輕的智利空軍中尉來開飛機，他會帶我們穿過聖費南多谷地，我們不必往南飛到庫里科。但起飛後不久，我們對位置發生歧見。年輕中尉說我們在聖費南多谷地上空，我們則認為他搞錯了，其實我們在別的地方。他說他天天在這個空域飛，他的自信強烈到後來我們都閉嘴讓他繼續堅持航向。但短短幾分鐘後，二號引擎開始故障回火，迫使我們減速回基地。回程途中發現我們是對的；我們距離聖費南多谷地差遠了。中尉承認他錯了。如果我們繼續那個路線幾分鐘後引擎又故障，就無法拉高，會墜毀在廷格里里卡火山的山腰。我們搜索失蹤的費爾柴德真是出師不利。

正如兩位搜救指揮官所說，我們能搜尋的時段很短暫，早晨的反光令人目眩。有些日子，我們下午可以飛。我們會從早上七點開始，十點鐘回到聖地牙哥，下午四點又回到山上，利用夕陽餘光搜索到晚上七點。

卡尼薩說他不認為他兒子還活著，我們發現所謂的十字形那天例外，他有點動搖。大半時候，他會跟我們說：「我是為了家人來找他，但是，我不認為他還活著。」

第23章

第七天：十二月十八日

第七天，我們變得沉默寡言。

走了前幾個小時之後，我雙腿失去知覺。我倚著岩石休息，脫下釘鞋和四雙襪子查看腳趾。

我們的身體在枯萎。我們急速老化：每一秒好像一年，每一天好像十年。我們的器官逐一開始衰竭只是遲早問題，肉體削弱直到只剩心智和心跳。（心臟，永遠是心臟。）**開始發生在我身上了嗎？**我在機身裡看過那些垂死者的情況。

我腦中閃過一個黑暗念頭：**我的身體開始衰竭了。**我蒼白的肌膚帶著一絲綠色。我的腎一定已經壞掉，因為我沒喝足夠的水。我也看得出我的腳趾因為失溫開始發黑。

因為我一直用左側躺著睡，用身體包住南多（因為他的外套太短），右側一直承受寒冷。右邊幾乎完全喪失知覺。我按壓不同部位，什麼感覺也沒有。

我們繼續前進，但我不知不覺改變了狀態。我知道我快死了。

蘿莉得找個新男友了。但我媽該怎麼活下去？在機身裡，我試過心電感應告訴我媽我還活著，但現在她不會得到答覆了。

感覺身體衰弱時，我開始心電感應找蘿莉，告訴她繼續過人生。我希望她自由。我不要她陷入絕望，一直冀望不可能之事而非接受沒有我的未來。同時，我必須解除我自認對她的情感應負的責任。雖然我一直想念她，我不可能背負這種折磨。我耗盡全力了……

至於家父，相信科學與現實的務實者，我猜他認為我死了。我不知道他搭 C-47 飛過上空時偶爾也懷抱一絲希望。

這時，我們不再不時聽見 C-47 的引擎怒吼聲，擔心搜索又叫停了。昨天，我們聽到有飛機在很近的低空，彷彿直奔我們而來，但今天毫無動靜。他們也墜機了嗎？

我虛弱到開始常常跌倒，我得費盡全力才能再站起來。**我們快死了，隨著每一次呼吸，我感覺得到。**

我開始回想我的人生。我從來沒有像南多這樣的好友。昨晚在睡著之前，為了保存體力低聲說話，我們談到了彼此在另一個人生，另一個世界的所有希望與夢想。

我們跋涉期間，我從來沒有跟哪個朋友像跟南多這麼親近的，以後也永遠不會有了。

我們旅途第七天的下午四點前，我跟南多說該停下來過夜了。我不知道我會不會活到明天。我的身體在抽筋，只能勉強站穩。褲子和襪子都濕了。

山上的生活有自己的節奏、自己的慣例、自己的一套野蠻法則。白晝必定在下午四點結束，太陽消失在西方的山後。冰風颳起，夜晚的痛苦降臨後，變得不適合生命存活。

我們來到一對似乎能當作庇護所的岩石群。

氣溫開始下降、影子開始拉長時，我們停下來安頓。

我低頭看看手腕上那原本是尼可拉博士死於墜機時戴的手錶。下午四點十五分。

我在岩石間坐下，這是我的外殼。

「你叫我停下來是對的。」南多說。

我們默默吃了點肉。

我開始照每晚的慣例縫合睡袋，因為每天使用總是會有地方鬆脫，我發現這裡環境有點不同。我看看四周，在山上生活的不變真理似乎有些部分改變了。起先，我不確定怎麼解釋。這不像雪崩或飛機引擎聲那麼明顯，然而越來越強烈。我暫時放下縫睡袋的工作，站起來眺望地平線。我們停下來已經過了半個多小時——太陽應該按照以往慣例消失在山後的半小時——但今晚沒有。我又再看了看錶。大自然似乎突然依照新的規則運作了。

「南多，你看！」

太陽還沒有下山。橘色光芒溫暖地落在面西的谷地上。

「南多，太陽為什麼還在照亮山谷？」

南多站起來看著天空。

「如果太陽沒被擋住，一定表示……我們快要脫離山區了！」我結巴地說：「那邊，太陽光還能穿透的地方——那就是出路！」

南多繼續皺著眉頭眺望四周景致，態度保留，不像我。當然，他謹慎是對的。下一個區域會有它自己的未知困難。但那是我們之間的均衡；如果有人過度自信，另一個就會警惕、慎重。慎重是有好處的，因為人生證明了付出相當的苦難和辛勞才可能成功。

雖然南多存疑，我認為新出現的頑強陽光表示我們的做法沒錯。我們在機身裡的現實換成了全新的現實。在我們以為很可能是人生的最後一天，這正是我們需要的激勵。

「也許明天吧。」我們總是這麼說。現在，真的可能有明天了。

我用法蘭西斯柯．尼可拉的手錶計時，一分鐘又一分鐘，過了下午五點、六點甚至七點，陽光仍照亮天空。這是我們黑暗盡頭的光明。直到晚間七點十二分才完全天黑。這有什麼差別：我們似乎穿越了一萬年，脫離冰河時代了。

第24章

第八天：十二月十九日

我從不安的睡眠中醒來，發現雖然身體感覺疲憊，我的心智變清晰了。

「這裡的氧氣比較多呢。」我驚訝地嘀咕。

這很重要：氧氣，呼吸的能力，我們終於下山了。

南多已經醒來，示意該走了。我尋找雲層中的太陽辨認方位。不久我們再度上路。

當我們往下走，發現雪地變成了岩石地貌，鬆散的沙礫，甚至有幾片土壤地。

突然一個念頭湧上心頭：**也許我終究還是能見到我母親；或許現在該找回我一萬年前被迫放棄的蘿莉。**

正前方稍遠處，谷地分叉成五天前我們從山頂上看到的Y字形。

南多加快步伐，但我看到他在前方遠處又突然停下。我走近時，看得出他臉上的痛苦。有個巨大的噪音把他擋了下來。從懸崖邊緣俯瞰，我們看到穿過山區的一條小溪往西南方流過下方約一百碼的峽谷時變成了急流。我們正在河流的源頭。

「急流！」南多害怕地說。

逃離冰河時代帶來生命的水——這對我是個啟示，但對南多又是個出乎預料的障礙。

我們不能在這裡涉過洶湧急流，因為一定會把我們捲下去淹死，我們沿著它往西南方看下游水位是否變得低到可以渡過。結果沿河的路途因為有不規則巨岩極度難行，我們得從不同位置爬過去或繞道。雖然我們前進時河面變寬變快，我們發現我們呼吸比較輕鬆了，恢復了很久以前墜機喪失的氧氣。

腳下的積雪慢慢消失在岩石和乾土之間，突然終止。現在我們看見的唯一白色在遠方的高處或遮蔭處，所以我們得以規畫較乾燥的路線。我撿起一塊像石灰岩的石頭紀念景觀的改變——打算送給蘿莉。我想帶給她我復原的證據。我們苦難的痕跡。我把它塞進夾克口袋，摸得到的地方。每隔一陣子，我脫下手套以便用指尖感受冰冷的石塊。讓我想像我正走向她，她也在河灣那頭等著我。

一小時後我突然停下腳步向南多打手勢，他因為走在前面沒看見。我不敢大聲喊叫把牠嚇跑，有隻蜥蜴在我前方六呎處正盯著我看。

生命的起源開始以最原始的形式出現。除了爬蟲類之外，還有南多和我，時代錯置、意外掉進這古老領域的生物，干擾了平衡。

一看到其他生命，我心中充滿回家、見到蘿莉的希望。我猜想她是否還在等我，是否還要我。我在手中翻轉這顆連結我們的石頭。我不只會帶給她我跨越了成千上萬年回到她身邊的證據——越過穴居、冰河和黑暗時代——我也會請她跟我牽手走完我們往後的旅程。

南多發現我停下之後走回我身邊。我還是忍不住盯著這隻小蜥蜴。我被牠催眠了。雪融也帶走了死亡的荒蕪感。有蜥蜴、水，前方較遠處還有開花的馬齒莧。雖然這是可能無人到過的貧瘠荒涼之地，我卻感覺猶如天堂的大門。

我們繼續前進。

沒人保證我會活下來，但現在我知道我不會淪為冰河時代的冷凍岩石了。或許這只表示我會死得比較靠近我的文明、我自己的時代。

我們跟隨的這條黃色小河，因為山上含硫的火山地形才變黃，最後匯入另一條清澈的小河。後來我得知它們其實名叫黃河（Amarillo River）和克拉羅河。我們站在兩條河的匯流處。

從這裡開始河面有一百呎寬，沒地方可以過河。我們原路退回看是否有地方比較容易過河，因為在岩石和山上冰雪融化的急流之間，我們看得出去路被堵死了。

我們找到最窄的一段河面，有些岩石我們可以踩著跳過去。我們把自己綁在一條繩索的兩端，南多跳過一顆又一顆岩石直到抵達對岸，全身被急流的水花濺濕。然後輪到我。我跳過岩石直到最後一顆。我感覺揹著背包沒力氣跳過最後一躍，所以我在嘈雜水聲中向南多大喊，把背包丟給他時也拉拉綁著背包的繩索。但我丟得不夠遠，背包掉進水裡。蘭姆酒瓶摔破了，害我們剩下的肉都沾上酒味，用來包酒瓶的備用襪子也黏滿了碎玻璃。

我們成功渡河，但被冰水濺濕冷得發抖。我環顧周圍發現到處有矮樹叢，因為強風和寒冷顯得扭曲乾枯。我們用手就能折斷它的枝幹。有可能生火嗎？我們收集了一些柴枝，我把細枝拆成碎片堆成小山。接著我掏出背包裡潘丘．德加多的 Ronson 牌打火機點火。不久火星變成火焰，火焰變成火堆。南多非常驚訝。

「南多，你知道我們做了什麼嗎？我們生火了！」

我們在火焰上搓手，靠近得燙到了我們的指尖。

我們從保存的襪子裡掏出肉來，發現因為溫度變暖有一部分已經變綠發酸。我們吃了帶著酒味的肉和脂肪。

我們第一次不是在冰面和石頭上，而是在一層柔軟的植被上攤開睡袋。

我望著火堆，看著火焰舞動。我們聆聽劈啪聲的同時被山的陰影籠罩，出現滿天星辰。這是從十月十三日以來，我們不必睡在高山威脅下的第一夜。

第25章

第九天：十二月二十日

第九天，日出之前，我們全身刺痛著醒來。

我掀起夾克和三層毛衣，發現全身布滿紫色傷痕。

「怎麼回事？」南多問。

「好像是恙蟲。很好：這表示我們接近正常的世界了。」我說。

雖然我們一天天衰弱，現在有能力生火取暖了，所以我們決定丟掉感覺一天比一天沉重的睡袋。我們已經習慣了冰凍的雪，如今來到較低海拔，不怕冷了。有了火，我們可以往前進化一大步，不再需要從機身拆下的殘骸來保暖。

半小時後，我們發現另一個希望的跡象，人煙的第一個指標：一個生鏽的罐頭。我拚命辨認是哪種，以確認這是真的。我刮掉鐵鏽露出「瑪姬濃湯」名稱。感覺自己好像可以承擔全世界。我想像裡面的食物不禁流口水。但我一感覺到飢餓的刺痛，便趕緊甩掉這念頭。我把罐頭拿給南多看。

「我不太相信，」南多說：「可能是從飛機掉出來的。」

我走路的方式也有了改變。我不再頻頻回頭留意雪崩或山崩，而是注意地上人煙的痕跡。一小時後我發現了一塊馬蹄鐵。我驚訝地坐到它旁邊，雙手捧著翻來覆去，像古物般用手指摸索它的形狀。它老舊又生鏽，進一步證明我們脫離了侏儸紀進入了人類時代，優美的東西都是用鐵鎚和鐵砧打造的。我們從石器時代來到了鐵器時代。

「馬蹄鐵不可能是從飛機掉下來，」我告訴南多：「馬不會搭飛機。只有罹難者和生還者會。」

過了一會兒，我幾乎不敢相信自己的眼睛，在河對岸，我發現遠處一個樹叢旁邊有兩頭牛。

我們都退回自己的角色。南多懷疑可能帶來希望的任何事。又或許這就像癌症病人努力掙扎求生很久的遭遇，當他們聽到自己被治好了，反而不敢置信。

「你確定那是牛嗎？不是野生貘之類的？」他說。

智利，1971年：老基督徒第一區橄欖球隊以安地斯山為背景打球。我是右邊戴白色頭帶那個。1972年10月，我們想要回去打同一場比賽。（照片提供：Exequiel Bolumburu）

門多薩機場，1972年10月13日：費爾柴德571號飛機的最後一張照片——站在前面的是機長，飛行上校胡利歐．凱薩．費拉達斯。我們前一天停留在此是因為天候惡劣無法飛越山區。飛機底下看得到雨水。拍照之後幾分鐘，我們出發飛往聖地牙哥，墜毀在安地斯山脈中央的山上。（照片提供：〔烏拉圭空軍〕馬里亞諾．羅德里哥上校）

智利，1972年11月：我們失蹤後，我女友蘿莉的父親路易．蘇拉可醫師上天下地到處找我。他騎馬到安地斯山腳下遇到一些牲畜商人的家，他們提議幫他。有個奇異的巧合，其中一人是我們大約一個半月後才遇到的塞吉歐．卡塔蘭的姊妹。（照片提供：卡尼薩家族）

道格拉斯C-47飛機——烏拉圭空軍編號508——家父、四名其他乘客和機組員在魯本．泰拉少校和愛德華．雷佩爾領導下，飛越安地斯山搜尋生還者。這幾乎就是南多．帕拉杜和我徒步越過山區的同時。（照片提供：烏拉圭空軍）

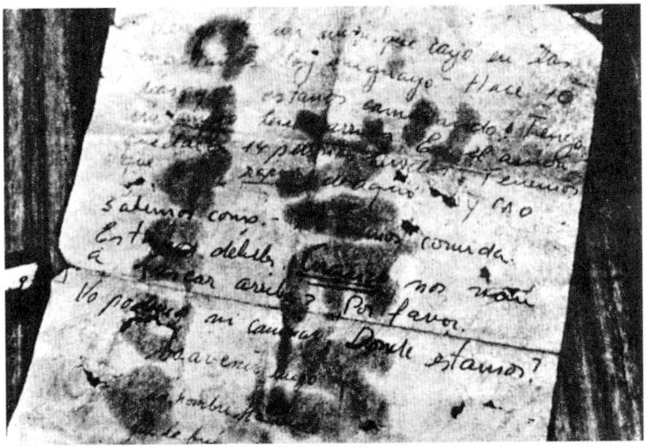

1972年12月21日早上，南多丟過聖荷西河給塞吉歐．卡塔蘭的字條。（照片提供：GrupoCOPESA）

麥提尼斯鎮，1972年12月22日：南多．帕拉杜、塞吉歐．卡塔蘭和我。我們眼神毫無喜色。（照片提供：烏拉圭《國家報》）

麥提尼斯鎮，1972年12月22日：與南多和塞吉歐．卡塔蘭合照。這一刻我記得很清楚：我專心看著手上的飛機羅盤，那是我們走過山區的嚮導。（照片提供：GrupoCOPESA）

麥提尼斯鎮，1972年12月22日：我們嘗試騎馬離開麥提尼斯鎮，因為濃霧會妨礙直升機救援仍在機身裡的朋友。然而，離開後不久，霧散了，直升機把我們攔下來。（照片提供：GrupoCOPESA）

智利的聖費南多，1972年12月22日：生還者艾德華·史特勞奇、丹尼爾·費南德茲和我（戴白帽者）。兩架直升機載我們從安地斯山麓的麥提尼斯鎮到聖費南多，在那裡距離聖地牙哥84.5哩處有家醫院。（照片提供：烏拉圭《國家報》）

聖費南多，1972年12月22日：我抵達聖費南多。（照片提供：烏拉圭《國家報》）

聖費南多，1972年12月23日：在聖費南多市，身穿當地人送的衣服；我身後戴墨鏡的是家父。他是壞脾氣的人，在那幾天卻笑個不停。（照片提供：烏拉圭《國家報》）

聖費南多的醫院，1972年12月23日：記者會騷擾我們，但我們都心不在焉。（照片提供：GrupoCOPESA）

聖費南多的醫院，1972年12月23日：與父母和蘿莉（背對鏡頭）。那晚我刮了鬍子。我想回歸生活，永遠離開山上，而鬍子是生還者的標籤。隔天，刮完鬍子，人們問我是不是生還者，我都說不，我不是。（照片提供：GrupoCOPESA）

智利首都聖地牙哥，1972年12月26日：和蘿莉在聖克里斯多巴喜來登飯店。因為燈光刺眼，我妹艾德里安娜把墨鏡借給我。（照片提供：GrupoCOPESA）

聖地牙哥，1972年12月26日：和蘿莉與記者在聖克里斯多巴喜來登飯店。（照片提供：GrupoCOPESA）

智利，1972年12月28日：登上飛往蒙得維地亞的LAN智利飛機。我拿著許多智利人送我們的禮物：典型的智利雕刻和安地斯山農民趕牛用的繩索，但比烏拉圭平原上騎馬用的粗多了。（照片提供：GrupoCOPESA）

蒙得維地亞，1972年12月28日：我們從蒙得維地亞回家那天，在母親和蘿莉陪伴下在家休養。（照片提供：卡尼薩家族）

蒙得維地亞，1972年12月：母親梅西迪絲、父親璜．卡洛斯與妹妹艾德里安娜，我們回來兩天後，攝於蒙得維地亞自宅。（照片提供：卡尼薩家族）

涙之谷（Valle de las Lagrimas）空拍圖，2010年：在生還者停留的同個時期攝於25000呎高度。（照片提供：飛行員丹尼爾．貝羅）

涙之谷，1973年1月：1972年12月23日，最後一批生還者從涙之谷救出。之後不久的1973年1月，烏拉圭空軍（FAU）的代表安立奎．克羅薩上尉和智利的安地斯山搜救團（簡稱CSA）前往當地調查事故，蓋墳墓埋葬死者，燒掉機身。以下圖片皆在現場拍攝。（照片提供：烏拉圭空軍）

涙之谷，1973年1月：此時逐漸融雪讓機身比我們停留時高出五呎，事故時機身殘骸幾乎在埋在雪中。（照片提供：烏拉圭空軍）

淚之谷，1973年1月：機身後方——在右翼斷裂時解體——我們用行李箱堆成一道牆以免凍死。（照片提供：烏拉圭空軍）

淚之谷，1973年1月：機身另一側，後來埋在雪中太深，窗戶都不見了。（照片提供：烏拉圭空軍）

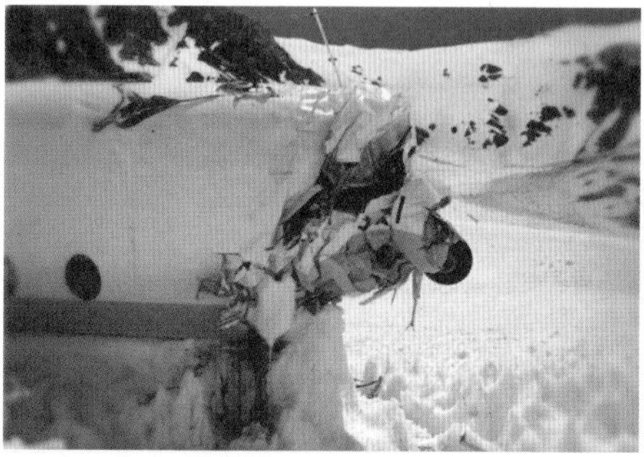

淚之谷，1973年1月：費爾柴德571號的機鼻，從右側看。（照片提供：烏拉圭空軍）

淚之谷，1973年1月：費爾柴德571號，從前方看。我們從未看過它露出雪面這麼多。（照片提供：烏拉圭空軍）

1973年4月：手夾橄欖球，攝於離開安地斯山四個月後。（照片提供：卡尼薩家族）

1973年4月：身體完全復原之後，南多．帕拉杜和我重返橄欖球場。打第一場比賽時，我們右手戴著臂章悼念。（照片提供：卡尼薩家族）

麥提尼斯鎮，1975年：1988年，我和家人回到麥提尼斯鎮的谷地。1972年12月21日我初次看到它時，以為我來到天堂。（照片提供：羅貝托．卡尼薩）

麥提尼斯鎮，1975年：右邊遠處是農民阿曼多．瑟達收容我們的兩棟農舍之一。塞吉歐．卡塔蘭則背對著鏡頭。（照片提供：羅貝托．卡尼薩）

麥提尼斯鎮，1975年：我們睡覺的農舍：我這輩子從未感覺被這麼細心款待照顧過。（照片提供：羅貝托．卡尼薩）

我湊近點看個仔細。

「毫無疑問，那是牛，」我說：「瘦巴巴的山區牛。」

文明的跡象開始倍增。我感覺像跟蹤者或導遊在尋找人類的蹤跡。或像考古學家，不是尋找人類如何生活的痕跡，而是我們自己可以怎麼活下去的跡象。

兩小時後我們來到一條布滿牛、馬和像是綿羊或山羊腳印的小路。

「南多，你看！」

他皺起眉頭。

再稍後我們看到更多牛，還有被斧頭砍倒的樹，無疑是人為的。

「我們快成功了，對吧？」南多帶著好像微笑的表情說——這表情我從墜機前就沒看過了。

再走一段，我們看到左方有另一條小溪從山上流下來，我發現這兩條河很快就會合流，擋住我們的路。現在的寧靜會變成怒吼，逼迫我們在衰弱的狀態下可能得再渡過一條急流。

更糟的是，我摸索口袋找自製墨鏡，發現不見了。我充滿焦慮，因為反光可能像對古斯塔夫．澤比諾那樣造成雪盲。回想起來，我記得至少一小時前我停下查看馬蹄鐵時把它放在一旁了。

「南多，我得回頭。我的墨鏡掉了。」

我原路折返但是迷路了。**那個馬蹄鐵在哪裡？我把它遺失在同個地方……**我努力找回頭路但一時找不到：所有岩石和雪堆看起來都一樣。當我終於找到馬蹄鐵，墨鏡就放在旁邊。我像寶物般拿起來，因為在這個世界裡，這就是我的救贖。我回來時，發現南多背靠著岩石在休息，望著東方。我浪費了兩個多小時。

我們繼續前進，來到另一條點綴著蹄印的沿河小路。小路通往一個寬廣谷地，我們看到在遠方有一小群馬。

這一切希望的景象加起來對我造成了意外的影響。從十月十三日下午三點半以來，我身體的緊繃頭一次開始放鬆。突然，我感到腹中疼痛的抽搐。起先我以為可能是我們吃的肉或為了攝取鎂元素的牙膏，也可能只是疲倦的緣故。但稍後，我逐漸認為是因為終於這麼接近我們的目標而壓力釋放。或許我的身體感覺到我完成了規畫下山路線的任務，而南多的目標則還沒完成：他的旅途要到他擁抱著他父親才算結束。在那一刻之前還有很長的路要走。或許昏迷中休息的那幾天給了他現在需要的額外體力——是我已經沒有的體力。

我們前進，發現一座用石頭和木材堆砌起來的獸欄。

再也沒有其他懷疑了。生鏽的罐頭。馬蹄鐵。堆疊的整齊木材。現在，用鐵絲、木頭和鐵釘做的獸欄——而且是人工維護的。到處都是靴印。我們真的抵達了文明世界。

我們原本的四十五人團體被削減剩下十六人。如今，我們之中有了新人，我們即將遇見的人。

南多去找牲畜可能渡河的位置，一小時後帶回了壞消息：隔開我們的河流不可能渡過。我不太擔心，因為我知道這些人和馬匹一定是在某處渡河，而且就在不久前，因為他們的腳印還很新。

南多說他發現了牛群睡在樹下的地方，因為地上覆蓋著牛糞。我告訴他那可能是牠們去找遮蔭而非睡覺的地方。於是他想了個計畫：他要爬到樹上，等牛來此休息時，用岩石砸死其中一頭來吃。我說像早期牛仔的做法，用刀割斷牠的後腿筋或許比較合理。但我又忽然想到如果我們要去向牛主人求救，偷宰他的牛也許不是好主意。不行，我們頂多只能偷擠奶來喝。

在爬樹砸牛或以我們弱到爆的狀態去攻擊牛的這段荒謬對話中，我看到南多背後，就在谷地邊緣，河的對岸，有個移動的影子。是人騎著馬的影像。

我的脊椎一陣顫抖。揉揉眼睛想再看清楚。

「南多！有人騎馬！」

我叫他快跑，那個人在河對岸的三百碼外，但南多沒看到他。

「快跑，南多，快跑！」

他衝向谷地邊緣，不知自己要去哪裡，他不是跑直線，而是到處亂跑。當我發現他跑錯方向，騎士可能消失在遠處，我不曉得哪來的力氣，奔過點綴著多刺玫瑰果樹叢的岩石沼澤地。我們幾乎同時抵達，氣喘吁吁，這裡的地形凹陷成通往河邊的深溝。在對岸被矮樹叢遮蔽處，我看到有個十歲左右的小男孩騎馬跟著成人騎士走。他戴著寬鬆牛仔帽，領著兩隻牛緩緩走向山下。

「那邊！」我指著他向南多說。

我們都開始喊叫，但叫聲被水聲淹沒。騎士又走了幾步，停下來——然後轉頭看我們。我看著南多跳上跳下，大叫著「飛機」，同時雙臂擺出飛機姿勢，最後跪下來雙手合抱作出懇求狀。騎士靜止不動，彷彿石化一般。小男孩也在他後面幾步停了下來。**他們懂我們的意思嗎？他們想弄清楚我們是誰嗎？**我們應該很像危險的野人而非墜機生還者。

快要天黑了。騎士輕輕催他的馬又開始謹慎地前進。小男孩也一樣。男子在打量我們。隔著河的巧遇持續了有五分鐘。然後，就在最後一道陽光消失前，男子雙手向我們打手勢，喊出我們在水聲中勉強聽清楚的一個字：「明天。」

這麼多字眼可選，他偏偏選了我們在機身裡常說的字。當情況糟糕透頂，我們總會重複說著那句讓我們希望在地平線上會有好事：「也許明天……」也許明天就會有什麼事發生。或許明天群山會消失，我們會回家跟家人相聚。也許明天我們會找到辦法逃離這個地獄。只是這次，明天似乎確定多了。

然後騎士消失在黑暗中。

夜晚迅速來臨，寒冷也是。我摸了摸外套口袋裡的打火機。現在這是我們的救星。與其在河邊紮營過夜，我們往回走大約一百碼，在一叢樹下找遮蔽。

我們從比昨晚豐富多的現場植被收集柴枝，生火，安頓下來冷靜清晰地思考。遇上那個人和男孩令我們振奮。感覺像電流通過我全身。我低頭看著雙手：在發抖呢。

我們坐在劈啪響的火堆旁。現在不只有我們兩個了；有南多、我，和隔天會回來的無名騎士。

當時是一九七二年十二月二十日晚上八點。自墜機以來已經六十九天了。

我低頭看裝著朋友的肉塊和軟骨的球襪，已經開始腐爛了。**我從哪裡來的？我是什麼人？**兩個社會開始牴觸。我想我們也許該把遺骸埋在這裡，在天堂的門口供著我們的朋友。

多年後，我趁兩次不同機會去尋找這個地點。一直沒找到。但我仍繼續找。

南多提議我們輪流睡覺，以便騎士一回來我們立刻看得到。我值第一班。在遠處，我聽見流水聲。輪到南多時，我想叫醒他，但他睡得很熟。我讓他睡。況且，我發現自己就算想睡也睡不著。我的情緒在沸騰，剝奪了我身上剩餘的體力。

第26章

愛德華・雷佩爾上校，副駕駛

我們天天飛出去直到十二月二十一日，預定這天結束我們從早上七點到十點與下午四點到七點的任務。偶爾我們低飛到12000呎，即使周圍山峰有14000到16000呎甚至更高。大致上，我們待在14000呎左右。

每當引擎故障，正式規定是我們減速但繼續飛。有兩次，汽缸破裂後油壓下降。為了避免引擎起火，我們關掉動力，把螺旋槳轉成特定角度能自由轉動減少阻力。也就是所謂的順槳（feathering）。兩次我們都必須關掉引擎。

我們的任務充滿挫折，一開始飛機就給我們一大堆問題。我們的C-47裝備比其他飛機都適合這項工作，但那樣還不夠。無論我們自以為有什麼優勢，總是力有未逮。最主要還是因為任務失敗而備感挫折。一架空軍軍機摔了，派出空軍飛機去找卻怎麼也找不到。

任務中期的某一天，我們發現可搜救時段太短而沒希望找到他們，便決定違反馬薩和加西亞．蒙納斯特里歐先前的警告，上午十點過後仍繼續找。

我們前往布魯荷山，有兩座高峰之間散布著幾十座小山，形成不祥的鋸齒刀狀。飛到距離兩哩時，飛機遭遇強烈亂流，我們掉了兩千呎陷入氣穴。如果我們正在山上而非谷地，會摔落到山峰上。墜落又急又猛，有個乘客羅德里格茲．艾斯卡拉達從座位飛出來，頭撞到機艙頂，裂了一道傷口。

風從智利側吹到山上時，會在下風側急墜，迫使 C-47 強力的 14 缸引擎光是維持升力就得動力全開。亂流劇烈到降落之後，機工路易．帕雷德斯還討了梯子去檢查機翼，以確保在急墜時沒有破裂。

帕雷德斯檢查飛機時，其他人留在艙內，試圖放鬆一下心情。有個乘客是畫家裴茲．維拉洛，決定在客艙和駕駛艙的分隔門上畫個太陽。帕雷德斯回來告訴我們飛機奇蹟似的毫髮無傷，也看到我們都在讚嘆那個直到多年後飛機除役時都保留著的畫作。

裴茲．維拉洛就是這樣，歷經可怕事件後還能作畫。洛伊．哈雷的父親比較沉默。

建築師古斯塔夫．尼可里奇總是隨身多帶一件保暖外套。有一天他對我說：「知道我為什麼帶著嗎？因為如果我兒子還活著，可以給他穿。」

幾天後，泰拉和我接到電報說找到了兩個倖存者之後，我們告訴哈雷和尼可里奇這個喜訊。但是在騷動中，尼可里奇弄丟了給他兒子的備用外套。柏格紐中尉把自己的飛行夾克給他，讓尼可里奇可以送給他兒子穿。

十二月二十八日，我們回到蒙得維地亞的四天後，發生了我至今仍記得的一件事。有個男子來到空軍基地要找那架 C-47 的組員。那是古斯塔夫．尼可里奇回去送還柏格紐中尉的夾克，幾天前他已得知兒子過世所以穿不到的噩耗。

第27章

璜．卡洛斯．卡尼薩，羅貝托的父親

十二月二十一日，搜救任務因徹底失敗結束後，我們準備回蒙得維地亞跟家人過聖誕節，但少了那些失蹤的孩子。因為我們只能勉強買到兩張民航機票回家，決定讓給卡洛斯．裴茲．維拉洛和勞爾．羅德里格茲．艾斯卡拉達。洛伊．哈雷的父母、古斯塔夫．尼可里奇和我則跟泰拉少校、雷佩爾上尉和機組員搭 C-47 回去，我們深深感激他們。

我們飛過山區時，又有引擎開始喘氣冒黑煙，之後螺旋槳停止轉動。指揮官命令一名組員盯住另一個引擎；如果它起火，我們就完了。其他人則透過窗子監視螺旋槳，焦慮地注意黑煙和火焰。難受地過了好一陣子，我們終於緊急降落在聖拉斐爾。

我們雙腿顫抖著蹣跚走下飛機。我們三人擁抱駕駛員魯本．泰拉和愛德華．雷佩爾。我們不知道還能怎麼做。這座小機場的主管想要用當地的小飛機送我們回家，但他們找不到駕駛員。最後我決定搭巴士去阿根廷布宜諾斯艾利斯，隔天早上可以到。哈雷和尼可里奇則留在聖拉斐爾，不曉得他們要怎麼回家。

第28章

第十天：十二月二十一日

第十天的日出前，我看到河對岸有光亮閃爍，迅速變成火焰，然後是熊熊大火。大驚之下，我連忙叫醒南多。

「他在那裡！」

營火在朦朧曙光中發亮。我想要站起來，但身體不聽使喚。我只能勉強抬起頭。全身都拒絕回應。我的鉀指數一定降到零了。

騎士生了個巨大火堆，好讓我們看得到對岸的他。

我像癱瘓似的掙扎著拚命轉頭時，南多走向營火。抵達河邊後，他看到三個人影坐在溫暖火焰旁的石頭上。是昨天戴帽子的那個人和小男孩，加上另一名男子。附近有三匹馬。戴帽者站起來走到河邊。南多試著大喊，但超過二十五碼寬的河水怒吼聲吞沒了他的求救。對方看到他想大叫但是聽不見。男子從口袋拿出一張紙和一枝小鉛筆，綁在一塊石頭上，丟了過來。南多衝過去撿，解開紙張，看到上面寫：「我派了個人過去找你們。告訴我你們想幹嘛。」

南多在紙張反面寫上留言：「我在山上發生了墜機。我是烏拉圭人。我們走了十天下山。我朋友受傷了。另外還有十四名受傷生還者還在飛機上。我們得趕快離開這裡，但是不知道怎麼做。我們沒食物。人很虛弱。他們什麼時候要來救人？拜託，我們走不動了。這是什麼地方？」他沒有署名或表達身分，因為要解釋的事太多了。況且，我們都快忘記自己是誰了。

南多把紙張綁回石頭站到河邊。他使盡全力丟出石頭，擔心它可能飛不到對岸。但是成功了。男子仔細看過字條，抬起頭用雙手示意冷靜，彷彿在說，**我明白了**。離去之前，他走回馬匹，從袋子拿出幾條麵包和起司，連同一塊石頭綁在布裡，丟過河來，後來我們才知道這條是硫磺河（Azufre River）的支流聖荷西河。

南多抓起包裹跑回我身邊。

對岸那個人不只不像我們擔心的表現出懷疑或有敵意，還丟給我們救命的營養品。

出發求救前，我們團體的實質「財務長」兼「銀行家」，最年長的生還者哈維耶·梅索，給了我們六百元準備付給找到我們的人，以防他們漠不關心或有敵意。我們很謹慎。畢竟，現在我們活在有侵略性、不能信任、一直想消滅我們的世界裡。無法想像文明是否會歡迎死人復活。所以當我們十六個人稍後會合時，我們一起行動，先搭火車去智利聖地牙哥，然後走海路回蒙得維地亞。

兩小時後，我們坐在樹下營地，一名穿著破舊、騎著瘦馬、轠繩磨損的騎士進入空地。原來我們昨天巧遇的人是安地斯山農夫，比誰都了解山區奧祕的馬普切族原住民。

他低聲告訴我們他名叫阿曼多·瑟達，派他來救我們的人是塞吉歐·卡塔蘭，今天接觸南多之後，他立刻前往最近的警察局——在騎馬八小時的路程外。瑟達說他以為我們會在山上較遠處，靠近他得去修理的一條灌溉溝渠。他說他現在要去幹活，大約兩小時後回來。他顯得從容不迫，好像只是此地的另一個生還者而已。

他回來時，我問他可否借騎他的馬，因為我沒力氣走路了。我無法抬腳穿進馬蹬裡，當我按照平常的習慣抓著鬃毛往上跳試圖騎上馬，雙腳根本無法同時離地。農夫只是被動地望著我。我爬上一塊岩石，想要跳上馬，卻從馬背上滑下來。我勉強扭轉身體坐上馬鞍，累得喘不過氣。阿曼多．瑟達這才默默抓住韁繩，帶著身旁的南多出發。

我低頭一看認出他在沙地上的腳印。他穿著用舊卡車輪胎做的有跟涼鞋，跟我昨天在獸欄附近看到的腳印相同。

我們爬上崎嶇懸崖、走下滑溜的峽谷時，山上有落石掉下，但我們的嚮導自信地繼續前進。我們來到一對粗大樹幹橫倒在大約二十呎下方的怒吼急流上。我根本還來不及擔心，瑟達和南多已經牽著身後的馬走上去。馬兒嗅嗅地面，前進時謹慎地努力找到平衡。難道我活過了墜機、雪崩和穿越山區可能凍死的十天跋涉，卻要在騎馬過危橋時淹死嗎？

到下一座山丘時，景觀改變了。我們來到一片當地農民用來供應作物和牲畜的許多溝渠灌溉出的鮮綠色草地。周遭這個美麗的現實超越了我們在雪地時期我最清晰的想像場景。

這是聖經裡的人間天堂，伊甸園嗎？我猜想。**南多，你確定我們沒死在山上某個冰冷的夜裡，這只是意識和無意識心智在肉體外會合的想像幻覺嗎？**

遠方的草地上有兩棟鄉村小屋。簡樸又美麗，乾草屋頂，周圍是盛開的玫瑰。一旁，大小牛隻在綠的如彩虹般的原野上吃草。我們走近時，另一個農夫——沒那麼瘦但有安地斯人長相——上前來謙卑又尊重地脫下帽子。阿曼多．瑟達介紹他叫做安立奎．岡薩雷茲。

「這是什麼地方？」南多問。

「麥提尼斯鎮。」瑟達回答。

馬兒停下來，我發現附近桌上有新鮮的自製起司，牧騾人（arrieros）做的，越新鮮越好吃，免得乾掉。它的香味引起了我強烈的飢餓，淹沒我的感受。我從遠處就聞得到，除了這個獵物什麼都無心去想。

「我可以吃一塊嗎？」我指著起司問。我爬下馬把起司送進嘴裡。我咬一口，接著一口又一口，來不及吞嚥。我貪心地塞了滿嘴，最後整塊整塊的吞下去。南多也一樣，兩名農夫不可置信地看著我們吃。

我像隻野獸，主要靠本能小心地行動與反應。這時某種催眠香氣從後方呼喚我。我轉身發現一個在戶外爐灶上悶煮的鐵鍋。

岡薩雷茲注意到我的表情。他們彷彿早就在等我們，他拿下鐵鍋放在我們面前的老舊木桌上，旁邊是兩個缺口的碗和自製錫湯匙。他用一根長柄大杓，裝了滿滿兩碗熱呼呼的燉豆麵條加上幾塊牛肉，這道傳統菜叫豆韁繩麵（porotos con riendas）。我們貪婪地用湯匙舀，但我幻想要不是太燙，就把冒蒸氣的一整碗倒進嘴裡滿足強烈的飢餓。我吃得飛快。接著，他們拿來幾條新烤的麵包，香味在我口中爆炸。起司、豆子、牛肉、麵包——我從來不曾感受如此強烈又豐富的幸福。

我不再感覺腹中內臟翻騰；以前它們好像屬於完全不同的動物。我們快要吞完第三份時，我轉頭看見那兩個農夫在旁邊吃飯，小心地打量我們。這時我才發現南多和我不只占了他們的座位還吃掉了他們的份，他們只好坐在岩石上解決。

我喊叫請他們過來一起坐。我告訴他們我們已經兩個多月沒在餐桌上吃飯了。我說我不只想要他們的食物，也想要他們陪伴。

阿曼多．瑟達茫然地望著我。岡薩雷茲在等瑟達先回應。我問他們為何我們不一起吃這些東西，同時南多又給自己添了第四碗。但那兩人紋風不動。

南多瞄瞄我再轉向牧人。「他說請你們過來一起吃，不然我們就過去陪你們。」他清楚說道。

他們花了點時間才作出決定。等到他們帶著吃掉一半的餐點過來，鍋裡已經所剩無幾。我們拚命向他們發問，他們只用一兩個字回答，音量跟我們一樣小。他們說了很多，包括每年春天得重建被冬天積雪覆蓋的小屋屋頂。

大約晚間六點，塞吉歐．卡塔蘭騎馬帶著十名警察局的人回來了。他們奉了胸前掛著一捆繩索的胖子，奧蘭多．梅納雷斯巡佐的命令。他們開了兩輛卡車，一輛載人一輛載馬，從聖費南多趕到硫磺河橋，他們在那裡徒步渡河再騎馬兩小時才趕到麥提尼斯鎮的小屋這裡。

我們第一次近距離看清楚塞吉歐．卡塔蘭。我看著他的眼睛心想，**這就是我們的救命恩人。**

我們這群人的氣氛完全改變了。這些國家警察（carabineros）驚奇地看著我們，彷彿他們是第一批來到安地斯山的探險家。他們急著想問清楚。巡佐在地上攤開一張地圖叫我們指出有生還者的墜機地點。我們望著地圖試著追溯我們的路線。我們用手指找到了我折返的那條河，經過谷地，往上進入冰河，進入積雪，直到時間起點的山上。

「不可能！」巡佐說。

但我們很堅定。沒時間再磨蹭了；我們的朋友快死了。巡佐打量我們，判斷該不該相信我們。

後來我們聽說卡塔蘭就在河對岸工作，向地主租地讓他的牲畜——乳牛和綿羊——每年雪融之後有嫩草可吃。卡塔蘭是這群牲畜的牧人。他跟動物一起生活，很了解山區，學會住在山洞裡保護牲畜，避免遭受美洲獅攻擊。

我感覺他是唯一真正相信我們的人。他了解老小動物在這裡生存有多麼辛苦。他告訴巡佐說警察們也不完全相信他，還從聖費南多打電話去首都求證。但他們看過南多寫的字條之後，當地局長為卡塔蘭擔保，他們無法否認有這個可能。他們叫他帶梅納雷斯巡佐來找我們，試著找到飛機的確切位置好證明我們不是幻覺。

巡佐命令兩名手下騎馬去普恩特尼哥羅找聖費南多的局長說明狀況，說我們真的存在，請聖地牙哥的總局派兩架直升機來。

普恩特尼哥羅？不就是在機身裡阿圖羅．諾蓋拉在地圖上指給我們看的地方之一嗎？「欽巴龍戈、拉魯菲娜、普恩特尼哥羅……」我低聲說。

巡佐指著地圖上的地名。

說。

「拉魯菲娜在這兒，欽巴龍戈在那邊，這是普恩特尼哥羅，最接近的派出所。」他

我研究地圖上的地名。巡佐等著我說話，但已經沒什麼好說的。

我們是對的，阿圖羅。只是我們必須走上十天路程。

梅納雷斯巡佐猜想他的手下騎馬要花六小時才能到達普恩特尼哥羅，而且直升機必須作準備，而且無法在夜間飛進山區，我們必須在這裡等到隔天，十二月二十二日。

他們給我們外套和更多食物之後，我們花了大半夜回答警察們的問題。我們敘述我們的一部分悲慘遭遇，並照大家事先的約定，省略食物的部分。

卡塔蘭總是站在一旁，聽得見的距離內。他是唯一從不問我們問題的人。

第29章

璜・卡洛斯・卡尼薩，羅貝托的父親

從門多薩到布宜諾斯艾利斯途中，我輾轉難眠。它就像從十月十三日下午就一直糾纏著我的漫長離譜惡夢。隔天十二月二十二日早上六點，巴士開始喘氣，然後慢慢停在布宜諾斯艾利斯城外，我被叫醒。一天前，我們的飛機故障害我們差點死掉。今天，巴士又故障。太離譜了。幾名乘客困惑地站起來。然後司機抬起頭大聲說：「大家下車。傳動系統掛掉了……」

我們洩氣又茫然地下車。我從司機那裡接過行李開始走過馬路。我疲憊又傷心。上午即將來臨。我看到遠處有一輛布宜諾斯艾利斯的黃黑色計程車，我攔下它搭乘進城。

「早安。」我打開車門時司機說。

我咕噥著打招呼，請他載我到洪卡爾路和蘇帕查路交叉口，伊格雷西亞・戴・索柯洛教堂對面，我表兄卡洛斯．葛瑞格里尼住在那裡。我昨晚從聖拉斐爾打過電話給他，請他幫我買去蒙得維地亞的機票。

「你要指定我走特定路線嗎？」司機透過照後鏡看著我問。

「隨便你。」我說。

他從這句話猜出我是烏拉圭人。

「你是烏拉圭人，對吧？你聽說新聞沒有？」

我很不想聊天。他卻逕自講個不停。

「他們說有兩個人從山上，從那架飛機一路走下來。」

「什麼飛機？」

「就烏拉圭那一架啊。」

我不懂這個人怎麼會知道我們昨晚的遭遇，我們如何被迫緊急降落在聖拉斐爾，雖然在當地造成小小騷動，他們還是努力讓我們搭上小飛機回家。

為了讓他閉嘴，我說：「我在那班飛機上。我們用單引擎迫降，但大家都沒事。」

「不，不是那班飛機。是另一架。」他說。

「什麼另一架？」

「就是烏拉圭男孩的那一架啊，掉到安地斯山上的。」

「我剛說了，我在那架飛機上，我是烏拉圭人而且——」

「你沒聽收音機的新聞嗎？」他插嘴道。

「沒有，我沒聽收音機。」

「收音機說有兩個人從山上走下來了。」

我想要結束這段對話。

「我是在安地斯山墜機的其中一個孩子的爸爸。但他們說的是我昨天發生的事件，不是那些孩子。我們就是生還者。我是其中一個。」

「你真的不曉得，對吧？」這時司機活潑地從照後鏡看著我說：「他們找到了兩個橄欖球隊飛機上的男孩！」

「你說什麼？」我不禁提高音量。

「新聞都在報啊！」司機打開收音機說：「他們還有生還者的名字呢！」

他打開收音機時，我聽到的第一個字就是他的名字。「羅貝托・卡尼薩與費南多・帕拉杜就是抵達麥提尼斯鎮的兩位生還者。」播音員說。

我崩潰撲向前座擁抱親吻司機，大叫：「那是我兒子！那是我兒子啊！」嚇得他轉彎猛踩剎車。

司機和我跳下車互相擁抱。我哭了起來，他抱得更緊，接著就在馬路中央也大哭了起來。我不記得我們從那一刻起說了些什麼，直到我們抵達我表兄葛瑞格里尼家；我的心思飄到別處，跟著幾乎無法開車的計程車司機一起大哭。

司機感動到不肯收我的錢。我把皮夾給他讓他想要多少自己拿，他跟我說現在他激動得無法分辨鈔票面額。我抵達表兄的公寓大樓，猛敲門直到有個我不認識的女人來開門。

「你要幹嘛？怎麼了？」她說。

「葛瑞格里尼在哪裡？」我問。

「他家在樓下。你是瘋了嗎？」

「對，對，我瘋了！」我說著衝下樓。

我表哥跑到巴士站等我，因為他已經聽到消息了。他老婆來開門，幾分鐘後他回來，因為我的巴士沒開到終點站。他飆速送我到機場，但我沒有回蒙得維地亞，而是飛往智利的聖地牙哥。

那個計程車司機讓我想了很多，我不知道他的名字，他找回了我已經放棄的人生。我仍記得他的長相，有點胖，頭髮稀疏，五十幾歲。每當我去布宜諾斯艾利斯搭計程車，總會看看開車的是不是他。有幾次我搭計程車去巴士故障那天他載到我的地點，看看能否遇到他。我會叫司機兜圈子——「再繞一圈。」我跟不知道我在找誰或什麼東西的司機說。但我一直沒找到他。我想付他車資，不只因為他當時沒收我錢，也感謝他給我生平最溫暖最熱情的擁抱。[3]

後來，我得知我離開聖拉斐爾之後，留下的家屬哈雷和尼可里奇收到了難以置信的消息，提到墜落的烏拉圭飛機，但什麼都沒有證實。他們立刻跳上往門多薩的巴士在隔天上午抵達。在跟他們一樣震驚的機場當局協助下，他們得以搭上運送冷凍肉品暫停在當地的貨機，繼續飛往聖地牙哥。

3 作者註：璜・卡洛斯・卡尼薩在過世前半年，二〇〇八年十二月二十七日，透露了這個故事。

第30章

昨天，我只能勉強走路，但今天我至少能到處走動了。我恢復了一些體力，喝很多液體、吃了燉豆和其他食物之後，體內也恢復了一些電解質。

凌晨三點左右，我們終於睡到了山區農民小屋裡的床鋪，睡在有大片皮革的床上，而非睡墊子，蓋動物毛皮保暖。我清醒地躺著想，幾天來第一次，我們終於不是睡在岩石地或吊在懸崖邊了。

我像在山上時每天的慣例在天亮前醒來。睜開眼時，我記不得自己在哪裡。十天來我都在開闊天空下醒來，但這天早上，我是在樹枝和沾了朝露的玫瑰果藤蔓織成的臥室裡。沒有冰凍的球鞋，沒有拼湊的睡袋，沒有裝在襪子裡的同伴屍塊。

我還是很累，勉強站起來。南多睜開眼睛。我發現卡塔蘭在外面揮手打招呼。牧人都窩在睡袋裡。其中兩人起床開始伸展。我看到三個人……有一個不見了。我抬頭看到他正在霧氣中走向小屋。是梅納雷斯巡佐從谷地走上來了。

「早安，」他喘著氣說：「霧太濃了。我不知道他們要怎麼讓直升機飛過來。」

我們連三十碼外的河都看不見。

牧民們生火加熱一些牛奶。

九點左右，我們聽到屋外騷動越來越吵。我等著塞吉歐．卡塔蘭解釋，但他只聳聳肩好像從來沒聽過這種情況。

霧氣中出現幾十位或步行或騎馬，帶著相機、攝影機、麥克風、錄音機和大量記事本的記者。

十月十三日飛機一墜落，我們就從無憂無慮的年輕人變成了掙扎保命的生還者。如今，我們同樣瞬間從被遺忘的陰影變成出乎意料的英雄。對南多和我而言，這一切都宛如幻覺。卡塔蘭和另兩位農夫悄悄溜走繼續工作去了。

過了不久，雖然有濃霧，我們仍嘗試騎馬外出，南多跟我與牧人一起行動。但我們出發半小時後，被降落在附近草地上的直升機攔下。兩架都由卡洛斯．加西亞．蒙納斯特里歐和侯黑．馬薩指揮，墜機後立刻發起 C-47 任務搜尋失事費爾柴德 FH-227D 的同樣人馬。（很不幸，五年後蒙納斯特里歐在火地島墜機身亡。）兩人跟牧民一樣驚訝地看著我們。

總指揮官莫瑞．多諾索上校看到我時，問道：「你是卡尼薩的兒子嗎？令尊直到昨天都還一直在找你。」

「所以真的是他！」我對著他喃喃自語說：「是他給了我力量。」我沒看錯我爸。他從未放棄找我，因為他知道如果是他失蹤，找到他之前我也不會放棄。

駕駛員們在地上攤開另一張比梅納雷斯給我們看的更詳細的地圖。我們再度指出昨晚指給巡佐看的同一地點。

馬薩的第一反應是懷疑，說這不可能，因為它靠近阿根廷邊界，在山的另一側，索斯尼多火山附近。但我堅稱飛機在巨大山峰的另一側，狀況危急到每一分鐘都可能是生死之別。

不可能，他們說。他們尊重但無法掩飾驚訝地補充說，或許我們只是看不懂地圖，也可能我們旅途勞累而糊塗了。他們說我們最好深呼吸，冷靜下來，再看清楚。

很諷刺，南多和我是最冷靜的人——我們習慣了山區節奏的結果。

「他們就在那兒。」我重複說道。

兩名直升機指揮官面面相覷。他們看得出我們很確定。

然後南多大聲說：「如果你不肯相信我們，他們就死定了，」他說：「就我們猜測，他們已經死了。」

他們回去看深不可測的安地斯山脈地圖，我們再度為他們回溯我們的路線。他們看著我們用指尖畫出這十天，回顧每天發生過什麼事。他們互看一眼，判斷他們如果要嘗試，一定無法盲目去到那裡。他們需要我們其中一人——因為直升機上只能再坐一個人——隨行去指路。此外，他們也少了一個帶回生還者的座位。

「這個任務很危險。」馬薩說。稍後他也再三警告手下機員和搜救隊，但沒人想要退出。

我累壞了，南多想要去。結果是：南多又踏上另一趟危險旅程。那天，因為天氣惡劣，我們的朋友只有六個人回到生者的世界；其餘八人隔天才被救出來。

當我看著那天拍的粗糙黑白影片，總是對南多和我的眼神表情很驚訝。毫無喜悅或驕傲，只有我們穿越時空之路的痕跡。坐在我們背後幾呎外草地上的牧羊人塞吉歐．卡塔蘭也有同樣表情，因為他了解山區的痛苦奧祕。

那天下午第一批倖存者回來之後，一股很久沒有的強烈情緒湧上心頭：驕傲。我看著他們走下直升機，讓我不禁挺起瘦弱的胸膛，因為在那一刻，我發現我們沒讓他們失望。他們押注在我們身上是對的。無需誰跟我說什麼；這是我內心深處的感受。

我上直升機去聖費南多之前，特地去跟每個牧人及塞吉歐．卡塔蘭握手。我道謝時，他們無比驚訝地看著我，彷彿沒什麼好謝的。這些人真是天堂的守護者：謙卑的人有福了，因為他們必承受地土[4]。

直升機飛上天空前往聖費南多，我無言地看著窗外，向我們的冰雪社會道別。

* * *

不管醫師們怎麼懇求，我用自己的雙腳走進醫院，去他的輪椅。他們把我放在一個很大的房間。

最先進來看我的是蘿莉和我母親。家父還困在布宜諾斯艾利斯，等待去聖地牙哥的班機。然後是我的兄弟姊妹進來，艾德里安娜、康奎和璜・法蘭西斯柯，滿臉歡欣。

「你看起來像個小老頭。」母親很冷靜又安詳地說，她在這世上已別無所求。

兄弟姊妹說我媽半夜接到電話通知，只從臥室門外喊了一聲：「他回來了！」

「我們被迫吃死去的人，媽媽。」我低聲向她坦承。

她接下來的話解除了我所有懷疑與痛苦，就像她總是擁有我整個人生。「不要緊。我知道你絕對不會放棄。」她說。

我們被迫吃死者保命這件事對我媽無關緊要。重要的是我們從未放棄努力活下去，並且找到了回家的路。「你太年輕不能死。你的人生還有太多事情要經歷。」她跟我說。

「我知道你還活著，」稍後她又說：「因為我寧可死掉被埋葬，也不會相信你死了。」

我在那間古老殖民風格的天主聖璜醫院有幾段清晰的回憶。醫生們下令要我獨處休息，我靠走廊透進來的昏暗光線低頭看著自己。我在這張超大的床上可以自由移動手腳而不必擔心從山壁掉下去。我看到的地面也不太遠。

4 譯註：語出《馬太福音，5：5》。

當晚父親精疲力盡地趕到，心情很洩氣但隨即克服過來。他就像是打完仗終於回家的士兵。我永遠忘不了他的表情。他非常歡喜，我看得出來。但他雙手抱頭，在他眼裡，我看得出他擔心這個社會對我們，對我，他發誓要保護的兒子，會有什麼反應。

他問我感覺還好嗎。他內心的醫生角色想要確認醫護人員有好好照顧我，是否做過所有適當的檢測；他想知道他最重要的病患感覺如何。我告訴他我沒事，醫護人員都很優秀。但我坦承我感覺沒有我們在麥提尼斯鎮獲救那天晚上睡在牧人的小屋裡那麼好。我在那裡睡在樹枝和乾草的帳幕之下，睡在兩個馬普切人和塞吉歐・卡塔蘭的照料下。

「他們把我們照顧得比任何醫生都好。」我告訴他。

第31章

蘿莉・蘇拉可・卡尼薩

歷經一九七二年十月十三日以來揮之不去的焦慮，我在十二月十九日醒來，不知何故第一次感覺振奮。空難害我失去羅貝托已經六十八天了。我一天天更加想念他的一切。我想念他的講話聲，但我已經記不得，必須努力在腦海中重現。有時候情況讓人抱著虛假希望：雪地上的十字架、山上景觀的曲解、磁力波、幻影——那都是誤判。這天他們沒有任何新發現，但我感到全身一陣寧靜安詳。這些年來我想得出的唯一解釋是心有靈犀，這天羅貝托撿起那塊石灰岩叫我等他。

兩天後，十二月二十一日，家母表情驚訝地走進我房間告訴我：「聽說他們找到了兩個生還者。」

我的心思開始狂轉。直到那時，我都活在各種可能性的世界。但這時，希望浮現壓倒了現實。在我的幻想中，什麼都可能成真。但只有兩個實際生還者，幻影消失，我只剩一個無可動搖的具體疑問：他會是其中一個嗎？他們如何在安地斯山上活過七十天？直到這時，我一直無視家父的理性想法。當他讓我看山區的照片，要我看清楚指望他們還活著有多麼渺茫——因為沒有東西能在上面活那麼久——我會躲去羅貝托母親的家。她堅信羅貝托還活著。我無法忍受想到少了羅貝托繼續活下去的痛苦，於是我從他母親的希望找慰藉。但現在我們會明確地知道誰是對的。我們只有這句話——「聽說他們找到了兩名生還者」——可以相信。

父親建議我吃顆安眠藥，因為到我們最後得知真相可能要等很久。他沒說出來，但他這麼想：結果可能令人傷心。隨著一分一秒過去越來越緊張。這可能是我一生最好或最糟的一夜。

半夜三點鐘，我醒來坐在床上，有個人顫抖著抱住我。是我父親。

「妳是對的。他活著。我們天亮後就去接他。」

因為服用安眠藥，我沒聽見幾分鐘前的電話鈴響。古斯塔夫·尼可里奇的母親拉蔻打給我母親說出她永遠記得的一句話：「卡尼薩是其中一個！」

家父既歡喜又疲倦。他飛了好多趟想要幫忙尋找羅貝托。其實，去第一趟回家後不久，當時只有少許白髮的他，很快就變全白了。

到了早上，我們來到機場。父親和我。羅貝托的母親和兄弟姊妹。還有一群急著想知道其他乘客是生是死的家屬。不久我們坐上前往聖地牙哥的飛機。（我們是唯一知道親人還活著的人，因為連南多的家人都不認識南多的母親和姊妹。）我們從那裡開車到聖費南多的天主聖璜醫院，生還者都在此休養準備飛回聖地牙哥的醫院。

每當我想到他可能死了，我會想，**拜託，讓他活著。即使最後我們無法在一起，即使他娶別的女人，因為我知道他會是我人生至死方休的一部分。**即使我這輩子只能再見到他一分鐘，我也會很高興。我只要求這樣……

我這部分的夢想實現了。當時我十九歲，我把他看成白馬王子，從遙遠的國度找到回我身邊的路。但我知道他可能變了，我成為他回不去的過往的一部分，是他難以想像的漫長旅途中的另一道疤痕。但是，就我對他所受折磨的理解，羅貝托還是老樣子：他努力找到辦法，克服萬難。我只能搖搖頭，不知該哭還是該笑。

我在大霧中抵達醫院，彷彿進入另一個世界。我不認識的人群大聲吵嚷。我走過一條空無一物的白色走廊，不曉得要去哪裡，直到三個醫師攔住我，費南多．巴奎達諾醫師、荷西．曼紐．奧辛醫師和照顧生還者們的米蓋爾．梅雷醫師。梅雷醫師想告訴我見到羅貝托之後可能會怎樣；我還記得他臉上的表情。但我無法專心聽他說什麼。當他抓著我肩膀跟我說話，我只想到羅貝托還活著。我記得他講的片段：「我們還在設法讓家屬幫助這些年輕人應付他們的經歷……以前從未發生過這種事……」他很堅持我只能待一會兒，因為羅貝托可能無法承受大量情緒。他可能昏迷或更糟。

這時，我左邊的一扇門打開，我從眼角認出是羅貝托的雙腳。

「妳得慢慢進去。」我掙脫梅雷醫師的手走向房門時，他又叮嚀。

我慢慢走進房間。當我看到他身穿病人袍躺在床上，鬍子又長又亂，面容憔悴，我幾乎認不得他。羅貝托示意我走近。我想用十九歲女孩跟白馬王子重逢該有的樣子撲進他懷裡。但我一抱之下，發現的不是健壯的王子，而是年輕人的消瘦骨架，他的鬍子太長、嘴唇龜裂到我根本無法吻他。

病房外有一群困惑、狂喜、擔心、緊張又急切的記者，有人同時又哭又笑。但在房裡，羅貝托則完全相反。他散發出平靜的氣息，彷彿他的靈魂占據了他身體縮小後留出的空間。

他的動作很細緻。室內充滿深沉的寂靜。

他伸出手臂從床頭櫃上拿了個小包裹，彷彿世界最寶貴的物品般舉起來。

「我忘了帶那顆要送妳的石頭。但我帶了這個送妳，」他耳語說：「打開來看看。」見我遲疑，他又說。

我看到一小塊麥提尼斯鎮的牧人送他的起司，發黃又沾滿毛衣纖維，包在我為他織的紅毛衣裡面，我無法掩飾我的驚訝。我呆坐著不確定他是要我吃掉或是怎麼處理它。

「我特地為妳留的。」他結巴著說。

我開始明白直到很久以後才完全理解的事。雖然他抵達麥提尼斯鎮之後恢復了無窮的飢餓感——當他回到生者的世界——他還是忍住留下這塊準備送我。這不是紀念品。他給我食物免得我餓死。如同他在安地斯山上為其他人做的，他連最寶貴的私有物都分享：是能讓他多活一天的營養品。他帶給我一塊起司，讓我可以有力氣在危險的人生路途上繼續奮戰。

「我在開著世界上最美麗花朵的山谷裡，」他補充說：「我們像個家庭，我想要把我們都帶回來。」

我開始哭個不停。

他又提起他多麼抱歉弄丟了從深山裡要帶給我、放在牧人送他的外套裡的石頭。我試著告訴他我不在乎石頭、起司或任何東西；我只在乎他回來了。但他似乎誤解了我的話。他無法理解他弄丟了旅程的證據，石頭，和能讓我們活著的寶貴物資，起司，怎麼會不重要。

「我是為妳走的，蘿莉。」他咕噥說。

這時我才了解我們是從兩個全然不同的世界在對話。他說的是生命的基本元素——當做證據的石頭，當作營養的起司——而我說的是另一個時代、另一個時間的語言。

我再度撲到他懷裡，但我又發現嚇到他了。我靠太近時，他好像承受不了我頭髮的顏色和觸感、我的香水、我觸摸的體溫。對他而言要有超凡的努力才能擺脫那個冰雪世界，但我察覺他內心有一部分會永遠留在山上，而我在那裡只是個幻夢。

同時，我很難接受我在他生還中的角色，他所做的一切都是為了我。我不覺得配得上他做的一切；那實在太多了。

我抓著他細長瘦削的手指繼續哭，他也啜泣起來。但是跟我生平聽過的哭聲不同。那不是嬰兒、小孩甚至男人的眼淚。那是肉體與精神上完全枯竭的哭聲。他哭得既溫柔又激烈，就像從他靈魂深處湧出的表現。

這時，有個懷孕八個月的護士走進病房，在她背後，有個記者趁沒人注意溜了進來。他問羅貝托的第一個問題是他是否認為自己生還是個奇蹟。羅貝托毫不猶豫地指指護士的肚子。「再過幾天就會有新生命誕生。那才是真正的奇蹟。」他說。

然後梅雷醫師進來，把記者趕出去，立刻拉著我的手帶我離開房間。家父探頭進來向羅貝托說：「你們兩個做的，才是真正男子漢的表現！」因為他們之間常開玩笑，說羅貝托只是個孩子，只有我爸才像泰山一樣是真男人。

稍後，父親挽著我的手臂，我們走過走廊。他大聲感嘆：「可憐的孩子。不曉得他們會變成怎樣。」但他真正想的是，**我該怎麼處理這個苦戀的女孩和被迫吃人肉、飽受創傷的小子？**他並不知道羅貝托已經告訴我他的經歷，我認為那是合理也聰明的對策。

當然，我並未完全理解發生過的所有事。我不懂起司或石頭的意義，更別說護士子宮裡的奇蹟。我也不了解世界最美花朵盛開的山谷（其實，多年之後我們帶著三個孩子看到了）。老實說，我想直到最近我才真正明白——我們的長子希拉里歐在二〇一二年十月九日生下我們的長孫班尼丘之後。

我看過很多小孩誕生，包括我們家的三個。但我從未把出生直接連結到四十幾年前在聖費南多的醫院發生的事。就像班尼丘，羅貝托在那一天出生——或者應該說重生。班尼丘還不太懂事，但我們成人要求他很多。家人們對他有很多期待，但他只能一點一滴慢慢符合那些期待。當他們從母親胎盤上切斷班尼丘的臍帶，技術上而言，他的出生完成了，但他仍會以其他方式與母親有所連結。同樣地，羅貝托會繼續跟山上——跟安地斯山、機身殘骸、長途跋涉求救、牧民、起司和岩石有所連結。四十年後，我終於發現我在一九七二年十二月二十二日不懂的事：小孩子都是自水中誕生，但羅貝托則是從永恆的冰雪中出生。

Part Two

第二部

第32章

我從山上回來之後，努力重拾我中斷的人生。這不容易，幸好有蘿莉在我身邊。我們都改變了很多，但我們似乎在分開的期間同樣成長了。她在短時間內成熟了很多，而我活在某種二分法中。蘿莉說我的靈魂倍數成長，但我的身體枯萎了。初期，我瘦到皮膚發皺，講話宛如老人或小孩的耳語。我們花了些時間才開始表現得像我們的年齡，溫柔的十九歲。

一九七二年十二月二十二日，蘿莉和家人在聖費南多的醫院初次看到我時，他們對我的外表大為震驚。看起來不像我在山上過了七十天，而是難以衡量的長時間。至於我，我幾乎喪失現實感。在實現的夢境中，我不可能保持清醒。

我想所有生還者和家屬也有類似的經歷。蘿莉說醫院裡的生還者們看起來好像某種靈修的社團，也像以只有他們自己聽得見的頻率共鳴的蜂窩。我們彼此之間與上帝之間有種強大的深刻、關愛的連結。

沒人知道該期待我們怎樣。很多人說我們失蹤的期間——而這段期間無法用時鐘指針衡量——重創了我們的身體和心智。他們預測我們老化得太多，永遠無法恢復正常生活——事件留下了永遠無法完全癒合的傷疤。

有人相信我們永遠無法脫離我們所謂壯舉的亢奮。也有人認為我們承受的痛苦大到我們永遠無法睡眠，無法再找到平靜，無法像普通人一樣生活……無法再微笑。

我反抗社會對我的期待。我反叛它加在我身上的命運。我討厭「無法治療」這個字。世人不負責任地、片面地想要判定我是英雄或是怪物——食人者。

我們墜落山上時被摧毀的東西之一就是我們與社會的連結。但我們彼此的連結每天越來越強。我們做的是穩定傷勢，用金屬與玻璃、體力與感性、智慧與情感組成新的連結，保護我們整個團體而非孤立個人。我們一起活了下來，像個別的器官合作挽救整個人體。我們的連結是無條件又明顯的，例如抱在一起睡覺取暖。那是永不斷裂的情感。生者和亡者之間的連結。我們稱之為彈性，但不僅是如此，因為我們都把自身奉獻給大家。

因此我仍然很珍惜關於他們的回憶，他們也在不確定的時候安慰著我。不只因為他們把身體給了我當營養，也因為我仍是他們的一員；我是他們的一部分，反之亦然。有些人遇難了；有些人繼續活下來。罹難的二十九人包括阿圖羅・諾蓋拉、丹尼爾・馬斯朋、古斯塔夫・尼可里奇、莉莉安娜・梅索、南多・帕拉杜的母親尤金妮亞和他妹妹蘇珊娜、努馬・特卡提、瓦斯科・艾查瓦倫、馬切洛・裴瑞茲・戴・卡斯提洛、安立奎・普拉特羅、弗拉可・瓦斯奎茲。而南多、科切、費托、蒙丘、葛斯、卡利托、丁丁、佩卓、艾瓦洛、哈維耶、洛伊、丹尼爾、愛德華、潘丘、巴比・法蘭索瓦和我則是繼續前進。

蘿莉說她看得出我其實是用不同方式想讓那個冰雪社會活下來。每年十二月二十二日生還者要辦聚會。每一年我們都會在智利打一場橄欖球，紀念因空難而被取消的那一場。我會定期去看塞吉歐・卡塔蘭，而他總是令我重啟對人生的許諾。

許多人說我一直沒丟下那段在安地斯山的經歷。這件事我永遠也無法忘懷，深埋在心底。

在山上，死亡不被視為失敗。生死不是對立的狀態。我們與亡者共存，他們一點也不可怕，因為他們只是我們死亡的先行者而已。我們不是在為別人守靈，而是為我們自己。他們只是在旅途上早我們一步。他們先到達終點，而我們還在途中。死去的二十九人不是消失被遺忘，而是活在我們心裡，如同古斯塔夫．尼可里奇寫給女友的信上說的：「如果我能用自己的身體救別人，我很樂意。」我知道在那個關鍵時刻——沒有欺騙和偽善的時刻——我也深有同感。

我在麥提尼斯鎮的牧人小屋醒來，霧中出現一群人的那個上午，我問我遇到的第一個人，是個壯漢，問他在這個鳥不生蛋的地方幹什麼。他說他是倫敦派來的 BBC 記者，想要在其他人之前先採訪我。「你想談什麼？」我問。他回答：「呃，原本你死了，現在又復活。全世界都想知道你的故事。這是不可思議的壯舉。」我完全糊塗了。

我回到蒙得維地亞之後，這兩個世界會繼續衝突——我們在安地斯山的奮鬥和這個號稱不可思議的壯舉。直到十二月二十八日抵達蒙得維地亞，我才發現悲劇影響到多少人——那架飛機上四十五人的幾百名親友，從我們的飛機消失以來人生就暫停了。對二十九個家庭而言，我們的重現是雙重悲劇，因為他們先在意外當天失去親人，兩個月後又發現他們不在奇蹟獲救的生還者之中。只有十六個家庭逃過這種二度死亡。還有其他人，像南多失去了母親和妹妹，哈維耶失去了妻子——四個孩子的媽——面臨哀喜交織。

我終於平安回家後，開始挨家挨戶到那些無法下山的朋友家，告訴家屬我們經歷過的事，當時多麼絕望，我們為何必須那麼做才能生存。我想把我們出發前，古斯塔夫·澤比諾收集的他們親人的遺物交給每個家庭。我不會一廂情願認為他們能理解，因為他們沒有我們的經歷。但我想要他們聽到在場者而非第三方——或者更糟從媒體那兒聽說——在安地斯山上有多麼恐怖。

但是新聞比我先傳到。有些直升機上的搜救者拍了墜機地點的照片給了媒體，剝削我們的無助，向世人暴露我們險惡的處境。有張照片顯示搜救員站在殘破的機身旁，露出手槍，彷彿在防範可恥的居民——我的朋友們。另一方面，也有些搜救員，例如塞吉歐·狄亞茲，在機身裡過夜照顧生還者。是潘丘·德加多率先告訴世人我們如何無奈吃人肉的故事。他是在一九七二年十二月二十八日，在我們大多數人出身的基督徒兄弟學院體育館內的記者會上公布的。

我拜訪了弗拉可·瓦斯奎茲的妹妹和阿圖羅·諾蓋拉的父母，他們乞求我描述他們兒子的經歷，是他用死亡告訴我不能放棄生命。

我也探望過尼可拉家的年幼四兄弟，他們的父母都死於意外。隊醫法蘭西斯柯．尼可拉和妻子艾瑟的孩子們都成了孤兒。除了悲痛，我也擺脫不掉擔憂：這些孩子會變成怎樣？萬事不缺時長大就夠辛苦了，但這些孩子什麼也沒有。璜．佩卓才八歲，哥哥們分別是九歲、十歲和十一歲。

在接下來幾年，我們盡可能幫助孩子們——但他們還是很辛苦。次子皮皮患了狼瘡。然而，幸好有個姨媽移植腎臟救了他。我把隊醫的錶，從山上帶回來的護身符，送給長子法蘭西斯柯，後來他成了非營利醫師，還生了兩個孩子。三子馬切洛後來成為烏拉圭國家隊史上最佳橄欖球員之一。璜．佩卓四十八歲那年，帶著他兒子跟我們上山，在現場跪下親吻他父母的墓碑，告訴他兒子：「這是你的祖父母，因為他們的犧牲，其他人才能活下來。我每天都很驕傲父母的生存方式。」孩子們夢想過多少次他們的父母不是埋在那裡，而是回家像一九七二年十月十二日那天早上，在天亮前溜進孩子房間最後一次道別那樣擁抱他們？

當我拜訪兒子死於雪崩的古斯塔夫和拉蔻．尼可里奇夫婦，我看到他們如何從絕望深淵爬出來，幫助我們這些倖存者設法治療我們的創傷。我們怎能忘記他們兒子垂死時給老家女友的信，說明在山上必須作的犧牲？「我判斷這裡出現遺體是因為上帝的旨意。既然只有靈魂重要，萬一那天來臨，我終究會毫無保留提供我的身體，讓我能幫助別人活下去。」

我們都得善用自己的人生讓他的犧牲不致白費，值得死者被迫付出的代價。不只是我們，還有我們的子女和孫兒。他們移轉了他們的傳承和後代到我們身上。因此，二〇〇六年當我帶著女兒拉拉回到山上，我在紀念現場告訴他們：「就如我向你們承諾的，我盡力善用了我的人生。我希望你們看到你們犧牲換來的成果。」

* * *

即使回到蒙得維地亞，我的心思仍在山上。在機身裡和我們求救之路的冰冷荒野待了幾個月之後，我發現我在烏拉圭羅恰的加爾松潟湖露營時，睡在戶外硬地的帳篷裡最自在。家人們以為我會想要舒適的床和乾淨被單，其實姑且不論危險，我只有用山上的生活方式才習慣。

我前幾天沒有走太多路，頂多五六十碼，因為太累會讓我心臟狂跳又作嘔。我睡很久，彷彿我幾個月或幾年沒睡覺了。我也吃很多——太多了。我只吃熱食，坐在爐子或營火附近。但我最愛的是深呼吸，享受我們在安地斯山上缺乏的豐富氧氣。

我的腰圍變大——我一天幾乎重兩磅。我的聲音恢復了元氣。有一天，跟蘿莉在鄉下散步時，我突然很想拉開嗓門喊叫。叫聲迴盪在樹林中嚇跑了樹上所有的鳥。「我想我好一點了。」我告訴她。

我開始騎單車。其實起初挺難的，因為我得恢復平衡感。一天，我決定騎到鄰鎮去，然後下一個……二十天後，我騎到了距離卡拉斯科十幾哩的波西托斯，去拜訪史特勞奇堂兄弟。我騎了兩個多小時回來之後，驚訝地發現我的體力還不錯。

到了二月，我回到醫學院。

我很快遇上第一次大考。在解剖課上，我得解剖宛如在山上賴以為生的人類遺體，我感覺得到室內每個人都用眼角盯著我，猜測我在想什麼。我不知道我是怎麼撐過來的。

三月時，我感覺體力好些了，我又開始打橄欖球。我一場一場越打越賣力，照我從前同樣激烈的衝撞強度。當朋友們開始叫我的老綽號「猛男」，我知道自己終於回來了。

到了四月，我感覺生活回到正軌。上午研讀醫學，中午過後接受採訪談我們在安地斯山上的日子。大眾永不滿足地想知道事情的細節，我們從各種來源得到報酬，不只為了自己，也要給情感上和經濟上都遭受重創的死者家屬。到了晚上，我和老基督徒隊練習橄欖球。不只跟其他生還者，包括亡者的兄弟和其他沒有同行的隊友，也跟留在山上的隊友靈魂打球，令人百感交集。

第33章

《我們要活著回去》（*Alive*）[5]一書在一九七四年出版後，南多和我得到機會去巡迴宣傳打書。不久之前，我們還是世界上最可憐的生物，現在則被描繪成勇敢的英雄。二十歲的宇宙主宰。

不過，第一次洲際飛行時，我嚇壞了。南多在托盤桌上放了杯水。如果亂流讓水亂噴，他會推推我說：「我們要作準備，以防萬一嗎？」

我們先飛美國然後去歐洲。一切都很炫目，因為我們遇到的記者和名流都很驚嘆，紛紛想要確保我們有最佳待遇。但我覺得這些驚嘆很假：他們只是敬畏我們代表的**概念**。他們不敢相信他們面對這兩個突然出現後重返社會、眼神仍帶著死亡陰影的求救

5 譯註：即英國得獎作家Piers Paul Read根據此事件所著的*Alive: The Story of the Andes Survivors*，一九七四年出版，後來改編拍成同名電影《我們要活著回去》以及紀錄片。

者。況且，我們很年輕很平凡，對他們而言似乎沒有真實感。事實上，我們的形象也不是真實的。

巡迴打書過程中，我們認識了各種名流。但我唯一記得的是那些感覺真誠的。那些派對和晚宴的光鮮亮麗和大量關注從來不吸引我。對我們「功勞」的所有讚美感覺很空虛。我真正喜歡的是看著別人的眼睛，沒發現敬畏或驚恐，而是看到帶著悲憫的同理心。

我們穿梭美國旅行了將近一萬哩，在歐洲又跑了六千哩。隨著每次新的世俗榮耀的美化，以及見到的每個名人和為我們舉辦的派對，這時已二十歲的羅貝托越來越遠離山上十九歲的羅貝托，遠離塞吉歐．卡塔蘭和牧民阿曼多．瑟達及安立奎．岡薩雷茲。

有天晚上，我打電話回蒙得維地亞給蘿莉。我開始發現獲救只是倒數第二難的障礙。最終的挑戰原來是設法回歸簡單誠實的生活。我跟她說：「真是矛盾，蘿莉。我人在這兒，但感覺不太像自己。我只是個不幸的生物，唯一真正的天賦是求生意志。」我們結束對話時，我跨出了這趟漫長旅程的最後一步：我請求她跟我共度餘生。

我認為我無法用為蘿莉收集的兩個紀念品，石頭和牧民的新鮮起司，來清楚又生動地表達愛的意義。雖然石頭在回家途中弄丟了，我一直想帶個紀念品給她，紀念我為了回到她身邊忍受的可怕掙扎。那塊堅硬的火山岩來自安地斯山上無人到過之處，從未被人類的手觸碰過。那是用來提醒我們有時道路很艱辛，就像山上的岩石碎片一樣硬。

至於那塊起司，我是想讓她看另一個極端。我十九年人生中從來沒有食物的氣味或味道像牧人的起司那麼美味。那是人類用世界上最純淨翠綠的草地養出來的牛奶以手工細心製作的。我想讓蘿莉看看生活也可以像搖籃曲這麼溫和、寧靜又撫慰。若有機會，我們要盡量善用我們獲得的生命。

*　*　*

我剛從巡迴打書之旅回家，就用賣書的版稅買了台越野機車，開始跟南多賽車。有人懷疑，**這些小子才剛剛驚險逃過如此悲劇，為何再度玩命，冒生命危險玩這麼危險的運動？**

老實說，我賽車是因為我需要腎上腺素，是我們與高山較量意志力的那股快感遺跡。有人譴責我爸沒阻止我，但他回答說，他能怎麼辦？我從小就固執又獨立，我在一九七三年一月十七日滿二十歲之後，就沒有人攔得了我。

同時，母親每場賽車都為我加油。

我猜想如果我在安地斯山活得下來，機車賽也難不倒我。最糟情況會怎樣，我飛上空中掉在硬土地上？至少沒有掉下萬丈懸崖的威脅。可想而知，我撞過車：前輪撞到岩石，人飛上空中，碰一聲落地，鎖骨脫臼。沒關係。痊癒之後，我又回去騎車。

一九七五年六月六日，為了準備跟蘿莉結婚，我問她在卡拉斯科有棟大房子的教父，我們可否搬進他的三樓閣樓。他允許我在上面蓋個小廚房和浴室。

一九七六年六月十八日，我們結婚搬進了「老祖母」（abuelos）。

我們在那裡過了幾年簡樸生活。我一面讀醫學，一面跟蘿莉在義大利醫院工作，她負責協調家父主管的心臟科病患，他和我則負責為大人與小孩進行心臟導管手術。

一九七六年十二月二十日，我在卡拉斯科城門附近的路上試騎新車，發現我岳母開車過來把車停在路尾附近。我騎完之後，停在她的車子附近脫下安全帽。

「蘿莉驗孕結果是陽性，」她告訴我：「你要當爸爸了，羅貝托。」

就這樣，我的飆車欲全沒了。我把精力和腎上腺素都轉向蘿莉肚子裡的小生命，他已經開始成長了。我把全新的機車賣掉，買了輛雪鐵龍 Ami 8 小房車，改跟古斯塔夫的弟弟侯黑・澤比諾共用一台機車。我很快發現我需要的腎上腺素只是有個家庭和一輛小房車而已。

* * *

一九七一年我進醫學院時，曾經自問這輩子想做什麼。我很喜歡外科手術，因為我認為這份工作是修理壞掉零件或異常狀況，而且向來自認是修理高手。但我無法想像自己在手術室裡扮演團隊的一員，每個人都必須全副心力同步扮演好自己的角色。所以我決定搭配最有知識的人，我們的才能可以互補，而我會發現自己的天命。

拿到學位前，我在烏拉圭鄉下的梅西迪醫院實習當值班醫師。我是外科助理，必須執行各種程序，還有例行的割盲腸、疝氣和瘻管手術。在鄉下行醫讓我臨危不亂，因為鄉下醫師身邊不一定隨時有專家，必須學習臨機應變。好玩的是，我在哈佛大學的朋友和同僚們就是這樣叫我，「鄉下醫師」，但有時候也叫「聰明醫師」，不是因為我懂得多，而是因為我的醫療手法。「你看見的這些事，在書上或網路上找不到。」他們告訴我。我只是渴望當個配得上這個國家的醫師。但因為十九歲時在安地斯山的經驗，我才念到醫學院二年級，有些世界最佳醫師已經向我打開小兒心臟病科的大門。他們說我經歷過很少醫師有的體驗，而且活下來講述經過。那種經驗在醫學上很重要。

我結束實習後回到義大利醫院開始研究心臟病學，在心導管實驗室研發心血管造影術的底片。

後來，我發現了最感興趣的心臟病學領域，或者應該說，就像在山上，我最有用的領域是什麼。我想要追究事情的根源，我就這樣來到了胎兒心臟科——與費城兒童醫院的傑克．萊契克醫師一起工作，他幫著我治療一名烏拉圭病患，奧古斯丁．瓦斯奎茲．查奎里安。胎兒心臟科是個既微小又廣大，既有限又無限的領域，因為先天心臟疾病不像源自我們的環境或惡習的那些病，是無預警突然出現的。

一九七八年某天，我聽說尼可拉家四孤兒之一的皮皮．尼可拉經診斷患了狼瘡。他的醫師不確定怎麼治療最好。於是十六名生還者和老基督徒球隊的每個相關人員決定全力救他。我們募到足夠的錢送他去世界頂尖的狼瘡專家，加州的史丹福大學醫院接受治療。

皮皮在史丹福休養時，我也順道造訪該大學的實驗室，在那裡跟心臟移植手術之父諾曼·桑威醫師建立了友誼。他是穿著舊白袍的和藹老人。他介紹我認識新型心臟檢查技術超音波心電圖的世界頂尖專家，理查·波普醫師。我打電話詢問他跟他做研究有什麼條件，他一本正經回答：「要會說英語並且有中等智商。」

回到烏拉圭，我轉換到手術台的另一側：我不再協助心導管手術，而是自己做。我變得很熟練，每天可以開十台刀。有一天，我早上八點開始值班治療一名滿月嬰兒，晚上十點結束時幫一位九十歲老人裝好心律調節器。

在我的小兒心臟專科老師，佩卓·杜哈根醫師協助下，我們把拉什金法（Rashkind method）引進烏拉圭醫療界。現在可以用汽球導管治療天生有所謂大動脈易位症的嬰兒。有了它，我們可以穿透心房的間壁允許帶氧血液抵達右心室：嬰兒的紫色皮膚便會在我們眼前泛出健康的粉紅色。

後來，家父和我開始做血管成型手術並植入支撐管。一九八三年，我獲得獎學金去西班牙研習超音波心電圖，在馬德里的拉蒙卡哈爾醫院的曼紐・奎洛・希梅涅茲醫師手下工作。「如果你想了解活的心臟，必須先分析許多屍體的心臟構造。」希梅涅茲醫師在我們初次會面時告訴我。我就這麼做了。我花了大量時間，跟曼紐・阿提加醫師在病理解剖學博物館（Museo di Anatomia Patologica）親手研究還算新鮮的心臟。

翌年，我出診去看一個重病的孩子。他患了主動脈瓣狹窄和心內膜炎，而且雙手已經出現栓塞。他父母諮詢過幾位醫師，人人提出不同的診斷。研究他的病歷之後，我告訴他父親最好立刻到阿拉巴馬大學的伯明罕醫院找艾伯特・帕西菲可醫師動手術。

病童的父親經濟寬裕，負擔得起醫藥費，他立刻照做。他們在男孩路易・佩卓的體內植入人工動脈瓣，他因而得救。他父親高興得回來跟我說，我有什麼要求都可以開口——只要他辦得到。其他醫師都說他兒子沒事，他的症狀會漸漸消失，但我明確告訴他他兒子不動手術就會死。於是我回他：「如果你想答謝我，那就捐一台只有瑞典會做的『盲訊』都卜勒超音波機給醫院，讓我們能更快更有效地診斷其他像令郎的孩子。」

一個月後，這位父親帶著烏拉圭第一部 Vingmed 公司生產的超音波機出現在醫院。多虧這台機器，我們能夠不必用侵入式導管診斷無數兒童。

我走上小兒心臟科這條路就是這麼來的。但剛開始只是需要許多人力和心力才能萌芽的一顆概念種子。我需要一個專注又努力的團隊支援我。我們會成功嗎？我們能克服劣勢嗎？這些疑問困擾著我，但也總會令我更堅強。

起先，我用一九七〇年代當時現有的工具工作。用聽診器發現心臟雜音。用胸腔X光、心電圖、雙手把脈與觸診腹部的肝臟位置。然後心導管手術發明，我向家父與佩卓·杜哈根醫師學會了這項醫療技術。注射顯像劑並植入小管子沿著血管進入心臟，我們可以看染料透露出病人患有哪種心臟疾病。

在修補嬰兒心臟的天命中，我不知不覺經常回想在山上學到的教訓。我會再度回到那個灰色地帶，站在死亡的門口，設法阻止別人跨過那道門。我從未忘記和一九七二年沒能下山的朋友們的誓約：活下去，繼續創造生命，讓他們的犧牲不致白費。

第34章

如果我十九年的人生在山上那七十天裡受到了考驗，那段山上的時光也在往後的人生受到了考驗。因為我的人生並沒有在山上結束，只是剛開始。

那段日子每天都像一堂課，有如一級級階梯。但被迫這麼快長大之後，我必須回到過去才能理解我可以怎樣踏出下一步。在第一天，我學到了做困難的事很費力，做不可能的事也差不多。在最後一天，當我們抵達麥提尼斯鎮的燦爛谷地，我了解我們終於得救了，發現我們的生命飄盪在空中，成功和悲劇間的差別可能只靠一口氣。

我在高山斜坡上學到了醫療的靈魂，在山下平地的大學則證明我學到的知識。雖然教育跟教養一樣重要，正式教育只能教你尊重標準與規定，未必是如何挑戰或克服它們。

在智利，有三十四架飛機墜落在安地斯山脈；從來沒有生還者。在烏拉圭，天生左心室發育不全的小孩從來沒人活下來。「從來沒有。」我在山上學到「從來沒有」只是個相對的詞彙。其實，相對到我們醫師可以盡力推翻它，把小孩拉向生存，就像牧人塞吉歐．卡塔蘭那種謙遜慈悲的人在山的另一邊發現我們時那樣。

沒什麼景象比得上小孩心臟裡心房和心室的和諧跳動。完美跳動的心臟意謂著生命。我透過液晶螢幕見證了生命，就像山上的冰晶。這種塑膠與金屬做的新東西沒有先天的美感。美感要靠我用心眼看到的東西，像那個被困在山上的小夥子，爬到山頂，穿過濃霧俯瞰著下方麥提尼斯鎮的谷地。

用超音波掃描心臟時，我看到微妙平衡的靈魂，在山頂上搖擺，在另一邊十天的路程外，山下居民小屋裡的煤油小燈在閃爍。活著的人，會給我們豆子、麵包和肉類——他們擁有的一切——幫助我們回歸人生。

我回顧過去看到自己的母親淚眼汪汪，因為她兒子失蹤而且生還機會渺茫。我幾乎聽得到她在山的另一邊祈求，我低聲向她說不要放棄希望，要有信心。我知道她因此才等我，她因此沒有瘋掉，因為她知道我會設法回來。

那些嬌小不完整的心臟只是等著有人去修理。那些只能在母親子宮裡跳動的心臟向母親訴說同一件事：**不要喪失希望，我會出來見妳**。他們只是需要幫手，就像某個十九歲男孩那樣。首先他們需要人來決定——救不救。然後他們需要協調的努力。眾人意志必須集中——就像他們在山上為我們做的——讓這些小使者散發出特殊光彩。我就是忍不住：我認同必須克服低微機率的所有生物。我跟這些母親說她們收到的診斷來自只體驗過活著的醫師，但我可以給她們體驗過死亡的人的意見。

心跳象徵著生命。在山上，我會仔細聽別人的心跳。心跳顯示出很清楚的分別：他們還活著，我們會盡全力讓他們活下去。對我來說，一個人的心跳成了他本質的表達。我們在安地斯山上的目標是維持心跳，對那些救了我的人，我的承諾是我會為了他們而活。

老基督徒橄欖球隊有兩名罰球員：阿圖羅．諾蓋拉，在山上死於我們的懷中，還有我。我花了數不清的時間在留校察看時練習到日落。空難之前幾個月，一九七一年十一月，球季最後一場的勝敗全看延長賽在中場靠近邊線位置罰踢。沒時間發動戰術了；唯一選擇是嘗試踢出四十四碼飛過球門柱。我們從未設想過這種情況，也沒有指定該由誰踢。我研究一下，看起來是困難到幾乎不可能罰進，至少我是這麼想。或許阿圖羅的想法不一樣？

這時候，他走過來說：「猛男，我想最好由你來踢。」

隊長向我豎起雙拇指。我調整一下球，專心想拋物線，助跑，使盡全力猛踢。球像子彈飛出去，旋轉著飛過空中，看得觀眾如癡如醉，快要飛過球門柱時球迷已經歡呼起來，這時裁判吹哨。他說我在他作手勢之前就踢了。我把球撿回來——絕對不能跟橄欖球裁判爭執——在球迷和隊友仍情緒高昂時再踢一遍。我把球放在地上，轉動到它位於球門柱中間——這次等待信號——重新助跑，猛踢出去。球旋轉著飛上天，好高。我目瞪口呆看著它，一面判斷風速，很有信心自己踢得沒錯，但不知道能否再度飛過遙遠的球門柱中間。當真的成功，老基督徒的主場爆出一陣歡呼。

比賽結束，我們走回更衣室途中，我問阿圖羅為什麼讓我去踢。「因為我知道萬一我失手，我永遠不會原諒自己。但如果你失手，我知道你不會有太大困擾。」當他寫遺言給父母和女友，雙腿斷了躺著動彈不得，死期將至，那是我記得的阿圖羅。「要堅強，」他寫道：「人生或許辛苦，但就算要受苦，也永遠值得活下去。要勇敢。」

阿圖羅沒看錯我。如果我失手，我不會覺得好像讓全隊和球迷失望了。我不會覺得輸球是我的責任。在山上這成了我的助力。我不曉得會治療什麼傷勢或接合的骨折會變成怎麼樣，但我毫不猶豫地出手嘗試，盡全力做到最好。有些結果比較好。但我不後悔失敗也不慶幸成功。我只是做該做的事。往後我在人生中作的決定也一樣；空難前我就是這種個性，但是在安地斯山上更顯鞏固。

我用同樣的方法處理我的小病患。我在踢球前設想飛行路線。我想像球飛過空中，在吹彎場邊柏樹的強風中瘋狂旋轉，直到飛過球門柱之間。然後我才嘗試踢球。大致以同樣方法，我設想最嚴重的病患們——天生只有半顆心臟，皮膚有紫斑，掙扎著呼吸——在新鮮空氣中，在溫暖的陽光下無憂地奔跑，盡情享受他們的生命。他們像我們一樣是蟲蛹，不是死在幼蟲狀態，就是最後有機會長成蝴蝶。那是我唯一的目標與真正的報酬。讓別人去猶豫吧。我沒這種時間。

如果我在安地斯山上有任何猶豫，今天就不會在這裡了。我很確定。「要堅強。人生或許辛苦，但就算要受苦，也永遠值得活下去。要勇敢。」終其一生，我都努力照阿圖羅的話去做。

我會利用每次受邀談安地斯山的機會來推廣另一項熱情——醫學。我總認為醫學是我在山上歷險的最佳結果。兩者互為因果。沒有歷險，我對醫學會有完全不同的看法。安地斯山是在過去無法改變的磨難，但醫學是可塑造的未來。

*　*　*

我的下個目標——應用我們在安地斯山上設定的規則——是確保即使最貧窮的烏拉圭兒童也跟世上最富有的孩子享有同等的醫護。我覺得我實習的烏拉圭梅西迪斯鎮出身的貧童，應該跟世界最先進醫學中心的孩子有同樣的診治。就像在山上，只是距離的問題——我的知識程度跟在蒙得維地亞的回響，和費城兒童醫院的傑克·萊契克與梅莉·柯恩醫師之間的距離，無論如何，都比淚之谷走到麥提尼斯鎮的距離短得多，那是我從一九七二年起的衡量標準，是我個人的度量系統。

我雖可以試著代替專家醫師——至少打電話給某些世界頂尖醫師，在他們的幫助下——我仍需要適當的設備。那是為我的單位取得世界最佳醫學中心相同設備的漫漫長路的起步。

烏拉圭小孩，甚至任何地方的小孩，應該有同等的診斷醫療的概念開始傳遍全世界。話傳到了美國經食道心臟超音波掃描先驅伊茲哈克．克隆森醫師耳中，他不久就來烏拉圭找我。當他看到那天因為醫院電梯故障，我們必須拖著攜帶式音波機爬十六道樓梯，便送我們一台紐約醫院退役的舊型彩色音波機。現在我的病人不必進行三次導管手術，可以使用世上最先進的診斷工具了。

我跑遍全球，在一些最先進的醫學中心學習最新技巧，同時講述我的故事。我不只學習許多不同心臟疾病的複雜細節，也得知了當病患有特定疾病該送他們去哪裡就醫。

但直到超音波心電圖，又稱心臟超音波出現，我才發現我這輩子想做什麼。真是奇蹟啊！不只因為這種機器對行醫的意義，也因為它對我的意義。我們天天用這台機器有所突破，能在螢幕上清楚地顯示心跳。

一九八九年，我聽說有一群醫師，多倫多兒童醫院的鮑伯．佛里登和傑夫．史莫宏，用一種新的器材研究心臟。科技進展快得令人眼花撩亂，影像越來越好，也越來越精確。我受他們邀請去參觀多倫多病童醫院，借住在用《我們要活著回去》當課程的一位文學教授家。白天我研究醫學，晚上就在主人家裡演講安地斯山的經歷。

是伊茲哈克・克隆森醫師率先教我怎麼使用彩色音波機，能在螢幕上用紅藍色渦旋顯示血流。我看得目瞪口呆。它觸動了我永遠甩不掉的回憶。透過液晶螢幕深入觀察人體，我想起很久以前我們如何望著飛機殘骸的窗外，嚇得發抖，餓得頭暈，抱在一起取暖，目睹月亮寧靜地橫過天空，在不知不覺間落下，宛如永恆。機內，痛苦得牙齒打顫；機外，宇宙告訴我們還沒有絕望。如果我移開目光，立刻飽受惡臭、疼痛和憂鬱的折磨。但要是我緊盯著把視野導向那飄浮至另一側窗外的月亮，我會因為各種可能性而興奮發抖。

藉著這部超音波心電圖機，我發現了一個神奇裝置，讓我能探訪與逃離山上。讓我能一直問最重要的問題：我們能繼續嗎？如果我們繼續，代價如何？值得嗎？

後來，有個名叫阿茲森娜的懷孕母親對於未出世女兒瑪麗亞・戴・蘿莎里歐發出了同樣的疑問，於是我跟她分享這些疑問對我的意義，和我找得到的答案。

我們獲救之後，輔導我們的心理醫師預言我們終生會有創傷與疤痕，永遠無法過正常的生活。他們預告，肉體或許生還，但心智沒有；我們永遠無法克服我們的體驗。他們研究過類似的恐怖——戰場上受震撼的士兵、事故倖存者——把他們的結果套在我們身上。在許多案例中，是苦於憂鬱、生活無意義、喪失生存意志的人。這些醫師錯在假設我們會有最壞結果。

如果同一批科學家分析有先天心臟缺陷的嬰兒——剛出生就必須動開心手術，嬌小的胸腔被切開用冰水沖洗以癱瘓其新陳代謝，用機器延命，在成長過程中必須動一連串手術——他們可能認定那些孩子未來比健康小孩悲觀。我個人認為他們的生命沒有比較好或比較壞，只是不同而已。

在山上的我們和這些動手術的孩子都是某種「異常」，某種「突變」，因為我們都挑戰自己的命運，寫下新結局。因此我認同他們。當我跟他們在一起，我的人生有了意義，我的心有所成長。他們是生命的使者，這些孩子因為插管經常影響聲帶，聲音變得沙啞。他們用刺耳的聲音向我低聲說，我在山上持續努力，發現那個美麗的月亮，還用我的生命再度尋找那麼美麗的東西，是對的。

第35章

阿茲森娜，患者瑪麗亞．戴．蘿莎里歐的母親

二〇〇四年三月底，當我首度安排會見卡尼薩醫師時，到處碰壁。然後認識他的友人建議我打到他在義大利醫院的辦公室問他在不在國內，如果在，我最好坐在候診室，直到他願意見我。

我就真的這麼做了，一直坐到他的辦公室要下班了。我在那裡看到的景象完全不像其他醫師的辦公室。那裡好像病童的托兒所。然後我看到白髮往後梳、雙手像農民或機械工厚實的男士，在各個房間跑來跑去。他偶爾會探頭到爆滿的候診室跟母親及小孩們談話，後來我才知道他們認識很多年了。

醫師忙完所有病患之後，回到候診室發現我還在。他做了超音波檢查，然後叫我進辦公室隔壁的小房間去討論結果。我後來稱之為「玻璃室」，因為整排醫院房間只有那

裡看得到天空。

拖得似乎沒完沒了的超音波之後，我知道會有可怕的事。我坐在醫師對面。我雙手冒汗，心臟像火車頭狂跳。但他顯得很輕鬆。他的氣質在別的情況或許會讓我冷靜，但這次不同。超音波期間，我看得出他面露憂色。也可能只是我想太多。

醫師一開始問我是做什麼行業的，丈夫又是做什麼的，我們住在哪個社區。突然，他停下來。他看著我的頭上方，二樓的窗外，露出我後來幾年逐漸熟悉的表情，就是那種他人雖在你面前，但是心不在焉，跑到了某個未知的世界。慢慢地，我們得知每當卡尼薩醫師出神，不久我們就會面臨重大挑戰——但他已經想過對策了。起先我們很緊張，因為我們以為他分心了。但正好相反：他在作準備。

「妳未出世的女兒缺了半顆心臟，」他告訴我：「我們可以用冒險方法救她。但如果我們走這條路，妳必須了解不能反悔。妳現在的人生會永遠改變。會像遭遇墜機一樣。光是療程就會花一大筆錢。妳和家人可能會破產。這是妳必須作的決定。但要知道：無論妳決定怎樣，我都會支持妳。」

玻璃室的窗台上有隻老舊褪色的玩具熊。我問卡尼薩醫師怎麼會有這個，他說是個小男孩病患放在那裡的，在他的新家「看守」。

「那個小男孩，活下來了嗎？」

「沒有。」他平靜地說。

我一直被那一刻吸引。在那房間裡有隻病逝男孩的玩具熊，眺望窗外，瑪麗亞・戴・蘿莎里歐的人生從真誠開始。

接下來幾天是我和外子璜生平最絕望的時候。我們已經有兩個小孩，璜・法蘭西斯柯和荷西・瑪麗亞。我們前兩個孩子都沒有問題，而我自認是個熟練的母親。我們的決定複雜又可怕。決定救小孩會把我們全家人拖向毀滅之路嗎？我們懂怎麼長期勉強維生嗎？這一切值得嗎？

我們替未出生的女兒選的名字對我們有特殊意義。去玻璃室的第一天尋找答案之後，我重拾念珠（rosary），從此開始禱告。所以我們才叫她瑪麗亞・戴・蘿莎里歐，在她出生前，世界仍然和諧又可預測時就取好了。

我有預感我們去義大利醫院找卡尼薩醫師告知我們的決定時，他已經知道我們的答覆了。他跟我們說過他們下山之後，當他們告訴世人他們的經歷——因為世人很想知道——他們好像是給情緒、苦難定了個價錢。迪士尼買下改編電影《我們要活著回去》（*Alive*）的版權，他覺得他們好像出售了自己的痛苦，彷彿眼淚是種法定貨幣。那時我們了解我們的痛苦也有個價錢：瑪麗亞・戴・蘿莎里歐的命值多少？第一次手術要花十二萬美元。但卡尼薩醫師的挑戰是要讓我們走出困境，卻又走在鋼索上。那不再是物質問題，而是精神問題。當然，終究也會變成量化問題。

卡尼薩醫師有句口頭禪：「沒有樂趣，就沒有成功。」如果他認為拚命救小孩結果失敗，會對孩子的父母和兄弟姊妹造成難以忍受的痛苦，那麼就不值得這麼痛苦。但如果他認為逆境不會壓垮你，那就繼續下去，把一切賭在成功上。

三月底作出命運的決定之前，在我們見到卡尼薩醫師之前，我們在月中就必須先作一個重大決定。烏拉圭法律禁止墮胎。但這些案例都落入取決於父母意願的灰色地帶。沒有嚴格規定的法條，也沒有法官。只有小孩和父母。夾在中間的是羅貝托・卡尼薩這樣的醫師。當我們得知懷孕而且會有併發症——雖然我們還不清楚到底是哪裡出錯——璜和我決定花點時間自由坦誠地考慮。幾天之後，三月二日我們出去慶助結婚紀念日，最後雙方分享彼此的感受，我們都有同樣的結論：我們沒資格決定誰該活或該死。那得由上帝決定，我們不想墮胎。但是繼續懷孕是一回事。我們在三月底面臨的決定又是另一回事。

* * *

羅貝托在辦公室等我們，啜飲著像咖啡牛奶的東西。我們進門後，他沒問我們是否作好決定。他冷靜地喝飲料、閒聊。我們都如鯁在喉。

他開始試探我們的底線，看我們願意做到什麼程度。我記得他一開始說這種手術只能在國外做，主要在波士頓。我回答一個字：viajo——「我願意去。」他停頓一下。他暗示我必須在分娩之前一陣子就去，他談到細節之前，我打斷他：「我會在分娩前十五天飛去。」他又停頓一下。他問我另外兩個小孩打算怎麼辦，我回答璜會留下來再飛去趕上手術。這次他靜靜坐著，等我說出自己的結論。

「我們決定要**救**。」我說。

他發現我願意全力救我女兒一命，冷靜地放下馬克杯告訴我：「拿紙筆記下這些

email 地址。」他給我三位美國同僚的聯絡資料。他教我在給他們的 email 裡該寫什麼，我記得我請教他一些醫學名詞的英文拼法，因為某些名稱在西班牙文裡不存在。

羅貝托試探我們是否受得了未來的挑戰：跟機率搏鬥連續幾個月，成功機會渺茫。除了醫學，還有其他方面的問題，讓倖存機率更低。但我們學會了即使勝算低微也要相信會成功。

我們了解讓瑪麗亞．戴．蘿莎里歐存活要費多大的工夫——最壞的結果是讓她接上餵食管活著，直到她注定慢慢地死去。

所以我們的第二個決定複雜多了。這也是我們最後決心展開這段怪異、空前又難料的旅程的基本理由之一。那天我們離開辦公室前，羅貝托的最後一句話是：「如果你們決定她應該活下來，我會陪你們走過沿路每一步。」我們將是未知國度的探險家，永遠不知道明天會怎樣。

從我們同意一起走上這條路的那一刻起，惡夢連連，直到我們面臨無窮無盡的連串挑戰。我們在黑暗中摸索前進時有一長串脆弱的環節可能輕易斷裂。那是趟既普通又奇特的過程：走向生存之路。

* * *

二〇〇四年八月十七日星期二，瑪麗亞．戴．蘿莎里歐在波士頓出生。兩天後他們為她動手術。（她的教母每年八月十九日會打電話來祝她生日快樂，因為她說瑪麗亞．戴．蘿莎里歐那天才真正誕生。）到了八月二十一日星期六，她脫離了危險期。我分娩後還待在醫院，那時我們才打給留在蒙得維地亞的子女說他們的妹妹出生了。

瑪麗亞．戴．蘿莎里歐活過第一次和所有後續手術的機會很低。她每次手術都命懸一線。「撐下去。」我太熟悉這個詞彙了。有兩次我們抵達波士頓時，她只剩最後一口氣。他們只好用救護車從飛機送她直奔醫院。羅貝托在波士頓兒童醫院的同僚，心臟科的珍．紐柏格醫師，要求我們每次手術前都要道別，以防萬一。

我們學會活在那種過渡狀態，隨時道別。一大堆醫師會談，排手術檔期，解決我們的財務，掛氧氣筒旅行，無窮的官僚作業——把我們逼到了極限。不久，我們樂觀或悲觀都不重要了。我們只是**活在當下**。瑪麗亞．戴．蘿莎里歐第一次飛往波士頓動第二次手術時（嚴格來說，她第一趟還在我的子宮裡），我們必須在布宜諾斯艾利斯停留，但沒有規定他們打掃與加油時，留在飛機上的人怎麼辦。我告訴工作人員我不要下飛機，因為我們不能移動氧氣筒。真正的絕望在於設法——忍住不哭出來——向不肯絲毫偏離法規的官僚解釋，如果你的孩子晚一秒抵達波士頓，可能就是生死之別。我們不是出差或旅遊，而是另一種截然不同的旅行：人命關天。

另一次手術之前，她抵達時身上發紫，血氧指數只有58%。當她在手術室裡，我在大廳等她。時間彷彿凍結了，因為卡尼薩醫師也警告過我要有失去她的心理準備。

瑪麗亞．戴．蘿莎里歐出生時，全烏拉圭沒有得到這種心臟疾病的小孩活下來。如今她是烏拉圭最年長的病例。今天，烏拉圭已經有幾個天生左心室發育不全的小孩活著。但在當年，一個也沒有。

瑪麗亞．戴．蘿莎里歐的狀況應該需要動三次手術：第一次，在出生時；第二次，六個月後；第三次，滿三歲時。那是最好的情況。但是，她出生後三週我們已經回到蒙得維地亞，我們必須讓她掛氧氣罩，她兩個月而非六個月後又要動手術，用分流器解決一個問題。我們飛回波士頓，她術後復原花了不只我們聽說的一週，而是四十天。那段期間，她需要另一個療程去治療內臟的問題。我們飛回蒙得維地亞家裡，但不到一個月後，她病情惡化，我們又得飛回波士頓植入新的分流器。再過兩個月，另一次併發症之後我們回到波士頓。她的狀況比我們預期的糟得多。才十個月大，瑪麗亞·戴·蘿莎里歐已經動了四次手術，而我們希望她只需要一兩次。所有模型都不適用於我們。我們詢問波士頓的醫師接下來會怎麼樣，他們叫我們找卡尼薩醫師商談。

幸好，我們有個優良副駕駛——羅貝托喜歡這樣稱呼家母。她很強悍，有決心，隨時準備好跳進來幫忙。她每次都陪我飛去波士頓，在我最黑暗的時刻，我呼吸困難時發出光芒。她總是能看到光明面。即使醫師說某個療程的機會渺茫，她總是能專注在最佳可能的結果。

我只是切到自動駕駛模式；要做的事太多了。朋友們說瑪麗亞·戴·蘿莎里歐出問題時我就進入「波士頓模式」，盡我全力找到對策。我撐了十八個月沒哭，但如今，我看悲劇片都會崩潰。

瑪麗亞出生前，羅貝托告訴我們他和父親的一段對話。「我父親說我不該給你們這麼高的期望，因為那小女孩會出生，會死亡，你們會怪罪我。」他沉默片刻，然後說：

「話說回來，我爸去安地斯山找我的時候，他也假設我死了。」

我記得有天早上瑪麗亞吸不到足夠氧氣，羅貝托過來在她房裡陪我們過了一天，觀察她再判斷下一步該怎麼做。璜和我討論時，羅貝托又露出眺望的眼神，非常冷靜地告訴我們，他們準備最後一段穿過山區的危險旅程時，他和兩個朋友的對話。「我們慢慢前進是對的。我們就是這樣抵達目的地的。」他說。

現在瑪麗亞成了活的研究案例。她出生只有半顆心臟，這種疾病最年長的倖存者是三十歲。她會打破紀錄嗎？活到四十歲？我們不知道。我們已經為她盡了全力。為她做到最好程度。萬一有併發症呢？她可能需要心臟移植，還有肝或肺臟移植，因為她的肝靜脈繞道到下腔靜脈。我能說她終於健康了嗎？萬一我說她很健康然後她需要移植呢？親友們都問我：「你們這樣怎麼活下去？」

這一切剛開始時，我也不知道這樣怎麼活下去。但現在我不知道還有什麼其他方法。她還活著是因為醫學進步，因為我們都希望她活著。沒人知道未來會怎樣：對，這只是一句諺語，但也是喜悅、感激生命的體現。如果我忍不住擔心明天或下週，我會沮喪，更糟的是，我會錯過享受今天的樂趣。擔心未知的事沒意義，因為沒辦法排除所有風險。

跟我女兒經歷過這一切之後，我發現每一天都是恩賜。瑪麗亞．戴．蘿莎里歐就是活生生的證明。我們再也不是多年前的家庭。**這**是我們的人生。這是我們最大的恩賜。

第36章

我習慣了用超音波機器螢幕觀察生命。當我看到他衰弱，當我看到嬌小的心臟跳動太慢，我必須盡我所能拯救它。有一天，我在準備治療還在子宮裡的胎兒的嚴重心臟缺陷，蘿莉問我：「你有什麼資格改變天意？」

「我不知道，但我必須試試。」我回答，因為那是幫我熬過安地斯山的哲學。

我們在山上六十一天後，出發求救的第一天很快天黑，我們發現我們爬到了沒有掩蔽的海拔 15000 呎高寒處。黑暗包圍我們，風勢一分一秒增強。我體驗到知道我們可能瞬間死亡的恐懼。死期將至。我看著雙腿淹沒在雪中，每一步都吃力萬分。空氣很稀薄，山又很陡，我們幾乎是垂直攀爬。山頂不在我們預料的地方，山勢比我們想像的高得多。我們當時沒有經驗能準備好應付我們面對的嚴重事態。暴風雪吞沒我們，大雪像鞭子鞭打著我們。

絕望的眼淚凍結在我臉頰上，突然有個景象：懸崖壁上突出一塊岩石，有個凹洞的雪被風吹掉了。彷彿它從幾百萬年前地球還在冷卻時形成，就一直在那兒等著我們。這塊岩石的水平夾縫，只能勉強讓我們用自製睡袋躺在底下，讓我們不致凍成冰塊——在那裡，15000呎高，零下三十度嚴寒中，連我們冰冷的遺體都無法提供給朋友。我們擠著，大膽地夢想能夠活久一點。

突出岩石在狂風暴雪中穩固不動。寬度只能容下我們和睡袋，彷彿專為當晚這個目的而形成的。我們知道亂動一下就會掉下懸崖，絕望地窩在睡袋裡。當我們疲憊地擠在裡面，顯然溫度只足以維持我們活命。對，天氣很冷——其實是冰冷——但我們有體溫保暖。我們睡袋外的一切都冰凍了，但在袋裡，我們的肉體還活著。我們用殘骸碎片做的怪異睡袋，頂住了安地斯山的寒冷！

我躺在邊緣附近，最接近深谷。我們只能稍微動動身子。即使我們敢睡覺，也必須保持警戒，知道我們可能輕易墜落。當晚我看著月亮終於從雪峰上升起，高掛在天上，我認為這是我們還有機會的徵兆：我們獲准繼續活著。僅僅幾分鐘前，我還形同死人。現在我活著，月亮也回來這麼告訴我。我想伸出雙手擁抱蒼白的月光——在我們差點放棄之後照亮山谷的那道光。

有時候，病患的心臟也是這樣，在放棄的邊緣。某些情況下，它們要求短暫喘息，一點時間調整呼吸再繼續前進。人生教導我，這一點時間可能短到足以防止生命流逝或長到讓我永遠留下。邊緣，極限，才是我的容身之處，是我在山邊的家。

我最驚訝的是我的家人，蘿莉和三個孩子，在別人認為很陌生的這裡陪伴著我。

第37章

希拉里歐・卡尼薩，羅貝托的長子

我第一次踏上墜機現場，是一九九四年跟父母及兄弟姊妹站在高聳的安地斯山脈，情緒很激動。因為無法從智利側抵達，我們得從阿根廷側爬過來。我們走了很長的路才到。我們繞過最後一座山之後，嚮導停住馬匹，往一個群峰環繞的谷地張開雙臂：淚之谷。我心忖，**這就是我家真正的出身地。**近二十年來我聽說的那個詭譎的故事，就出自這個偏遠壯觀的地方。

連我的名字都來自擋住西方隘口的山脈：聖希拉里歐山脈。

我們利用騎馬可以抵達的短暫空檔前來，不過仍是一段辛苦的冰天雪地路程。在那一刻，望著荒謬又離奇的場景，我發現我為何總把不計成果的努力當成最重要的美德了。我認為家父的傳奇之旅最突出的一點，是他、南多和丁丁抵達聖希拉里歐山脈頂上，決定繼續前進而非放棄的那一夜。他們不是達成目標就是死在途中。每次我想起來都很感動，因為家父在我一生中示範了努力面對逆境會讓你變得更堅強。那個決定會永遠讓你變得更好。我明白他是在這裡學到教訓。在我們舒適的家裡聽他講是一回事。親眼看到，親身經歷過，在世界屋頂的體驗又不一樣了。

母親告訴過我事後當她初次見到我爸，看起來不像是正常人。不是因為他的外表、低聲說話語氣或哭得無法克制。而是因為他看來好像沒有年齡的動物。前一刻，他顯得像個小孩。下一刻，又好像是渾身散發靈性、充滿感恩的睿智老人。在家母口中，他是個瀕死之人，處在轉變成另一個狀態的門檻上。是完成了非凡的實體旅程之後，準備好進行超自然之旅的人。

我發現無論我做什麼，都偏好盡全力、不顧結果永不放棄的人，而非運氣好、比較輕鬆達成目標的人。如果家父和南多在第九天倒下，即使沒人知道，他們的努力也不算白費。因為**他們**自己知道。那讓你成為更好的人。因為別人怎麼想不重要，你心裡怎麼想才重要。

我在念建築系時期，開始設計住宅的立體電腦模型。我喜歡是因為我得結合數學邏輯和設計的自由。科學和創意交會時，才會發生重大的創新。所以我總是這樣形容我爸：既是創新者，也是務實者。那是在安地斯山上養成的美德嗎？我無法確定，但就算那只是意外前的火花，卻在上面變成了熊熊大火。他決定不放棄的那一刻，務實者和創新者合而為一。

小時候，他教我們尊重前例但拒絕教條。他在安地斯山上目睹了生命的兩面：現實與想像，美好與痛苦。他把兩者融合成一股新力量用來繼續前進。這成了他個性的一部分。

工作上，我編寫電腦程式讓屋主能用 3D 看到他們的房子。雖然家父不是建築師，我看到他一直在做同樣的事，建造小屋和簡單的鄉下住宅。它們結構簡陋，所以他從不用藍圖，而是邊做邊創新——就像他逃離安地斯山的方式。但那些小屋總有個共通主題：無論石砌、磚造或金屬製，中央通常是火爐。如果他蓋個戶外天井，也會圍繞著一個火爐。出去農場時，他會生營火。在任何地方蓋東西，永遠是人們可以聚集取暖的地方。有一天我忽然想到：他根本不是蓋房子。他蓋的是讓人來取暖的庇護所。

當我想到父親，他不是穿著簡單工作服建造內牆，安裝波浪鐵皮屋頂，就是修理舊車，或者穿著醫師袍，在凌晨精疲力盡地從醫院回到家。在我心目中，他總是在工作，總是在奮鬥。

我對家父所知的一切都是親眼見證。他的行事作風是那麼的沉靜謙遜，在神父、傳教士或政客身上都很少見到這種態度。他平等尊重每個人。他的另一個特徵是從不放棄。無論修汽車引擎或抽水機，他無法想像世上有壞到修不好的東西。他對人也是抱持同樣的看法。人病得越重，他越努力救他們。我從未看過這樣過日子的人。有時候，他會雇用復健的毒蟲帶著他一起工作，或是雇用剛出獄的人——別人毫不知情。這帶給他極大的樂趣。

我從未看過別人這麼做。當然有出於自豪或悲憫之心。但是樂趣？那是他從安地斯山學到的嗎？我懷疑。不分大小事，安地斯山似乎總是有影響。我永遠不會忘記今天驅使他的動機源自聖希拉里歐山脈。

再過幾天，二〇一二年十月，內人瑪卡蓮娜就要生下我們的長子。他將是我父母的長孫。我不知道我的孩子對家父會有何意義。我想他會相信生生不息，他不必再像十九歲以來那麼拚命努力逞強。我想當他看到我孩子學會走路，父親終於可以休息了。也許這將是辛苦路程的結束與寧靜休養的起點。他終於可以抵達目的地，從安地斯山的荒蕪高峰來到麥提尼斯鎮的翠綠牧場。

第38章

伊莎貝爾，患者奧古斯丁的母親

外子狄亞哥和我在婚後兩年的二〇〇五年生下了我們的長子，璜．狄亞哥。兩年後奧古斯丁出生。

雖然我們雙方的家族都挺富裕，仍努力工作自力更生。我二十五歲拿到會計學位，二十六歲開始讀碩士。我在三月開始念了兩個月，夾在工作與學業之間分身乏術時，得知我懷了璜．狄亞哥。我和璜．狄亞哥有超乎想像的溫柔連結，連分娩都很神奇。從我毛孔散發出全然的喜悅，並且影響了周圍所有人和所有事。他在凌晨一點半出生，到六點時我已經高興得願意再生一個。我心想，**天堂一定就是這樣。**

完成碩士學位後不久，我又懷孕了，但去聖帕布羅出差時不幸流產。那是我一生最傷心的事，在我獨自遠離家庭時失去胎兒。但哀傷沒有持續太久。三個月後，我得知我又懷孕了，這次就是奧古斯丁。我作第一次超音波時已經懷孕將近九週了。

一切再度無比神奇，就像懷璜・狄亞哥那時候——直到第五個月我去作第二次超音波。那一刻的記憶鮮明到我記得每個景象、每個氣味。我在候診室向狄亞哥說：「我不知道怎麼會這麼緊張。」他們開始作例行的五個月超音波掃描，技師指出每個器官，然後在心臟停了好久才繼續照其他的。他又回來看了半天心臟，直到我問：「有什麼問題嗎？」他沉默不語，還在研究我子宮裡的小心臟，最後才說：「我看不清楚四個心房心室。但是放輕鬆，我會申請胎兒超音波心電圖，那是心臟的特殊超音波檢查。」

我們懸在半空中，進退兩難。「不會那麼糟吧。」我們告訴自己。因為壞事只會發生在別人身上，至少我們這麼想。我去找我的婦產科醫師，照超音波技師的指示留下一份檢查報告。幾小時後，我接到電話。醫師建議我去找我們的新生兒專家，因為他是我們長子的主治醫師，我們很熟。他告訴我們：「伊莎貝爾，我知道妳的個性，所以就不拐彎抹角了，我也不會騙妳。或許沒什麼，心室間的破洞在懷孕的接下來幾週會自行癒合。但也可能很糟，我們稱為左心發育不全症候群——令郎奧古斯丁只有半顆心臟。妳得跟卡尼薩醫師盡快安排超音波檢查以便作決定。」

我們必須等待三星期直到我懷孕二十三週，到時嬰兒的心臟會大到可以診斷。那段日子真難熬，當別人問起「身體還好嗎？」、「小孩還好嗎？」和「喔，看起來像男胎！」時必須強顏歡笑。從那天起，我很少跟人聊天問瑣事，聽到不符社會期待的答案我也不驚訝。知道內情的人問了些我們還無法回答的問題，或說些鼓勵但無法安慰我們的話。那幾週裡，我只想鑽進深陷的黑洞裡不要出來。

我在預約好的二〇〇七年十一月二十七日去找羅貝托・卡尼薩。我仰臥在醫院病床上，他走進房間，打招呼，立刻開始檢查。掃描心臟幾分鐘後，不管我們多緊張，他開始詢問我們生活的問題，想知道我們是誰、哪裡出身、住在哪裡。我想要大叫：「別問蠢問題，快告訴我小孩有什麼毛病！」後來我才懂他是在試探我們是否有經濟能力和情緒強度去承受未來的事。

然後，他看著超音波螢幕，不再發問，我們陷入沉默。

「這個病例很複雜。」他終於說。

我忍住眼淚說不出話來。當他繼續掃描我的子宮時，我努力保持不動，但我無法克制啜泣而發抖。

「他有左心發育不全……他的心臟有一部分沒有完全成形。」他說。

他冷靜又自信地說話，告訴我們他看到的事實，也沒有企圖淡化。

最後我們到另一間辦公室，我問的第一件事是我們的兒子未來的生活可能會怎樣。

「他的狀況很嚴重，會有幾年很辛苦，」他說：「但如果一切順利，他永遠當不了運動員，但是能夠有正常的生活。」

「正常？」我問。

「快樂。」他回答。

結果我們像阿茲森娜替女兒瑪麗亞．戴．蘿莎里歐做的，也為奧古斯丁作了同樣的選擇。她的決定是在懷孕第二個月。我們則是在第六個月。起初，我們以為情況會比較輕鬆，因為我們申請到了貸款付醫療費。我們不知道金錢只是折磨的一小部分。而且全都發生在一個月內，比我們猜想的少了二十天。

在我們決定出發那天，我們最後一次去見卡尼薩醫師，我哭得唏哩嘩啦。羅貝托擁抱我，我告訴他：「你知道問題在哪嗎？內心深處，我想如果我們不必跑這一趟，那奧古斯丁其實沒這麼嚴重。但我們要去就表示真的很嚴重。」他抱著我說：「別擔心，這些孩子術後預測到二十歲很樂觀。之後，誰曉得呢？也許二十年後就有人造心臟了。」

出發前幾天，我們花很多時間和阿茲森娜和璜夫婦談。我們的孩子會是全烏拉圭第一批治療左心發育不全的案例。迄今，少數病例不是死產就是分娩或手術後不久就夭折。阿茲森娜幫助我們度過。「妳很可能要剖腹生產。他們會讓妳抱幾分鐘孩子，妳可以吻他，然後護士會進來把他放進保溫箱。妳丈夫狄亞哥會陪他被推過一條通道到兒童醫院那邊，同時妳則在不同的區域休養。」事實果然就是這樣。但其餘的都挺混亂。我們持續走在高空鋼索上，直到最後都不得休息。

奧古斯丁必須送至波士頓兒童醫院，它隸屬哈佛醫學院，擅長做這種手術。但我懷孕第三十五週之後才可以旅行。我們離開蒙得維地亞是三月四日，我在第三十四週。

我們在週二晚上飛往波士頓，狄亞哥在身邊，奧古斯丁在子宮裡。我永遠忘不了我們在蒙得維地亞道別時，我兒子璜．狄亞哥臉上的表情——當時他兩歲。我們在週三上午十一點二十分抵達波士頓。住進飯店，我告訴狄亞哥：「我的胃有點痛。我在飛機上不該喝汽水的。」

「或許妳餓了。我們吃點東西吧。」他回答。我們跟醫院預約下午三點去作胎兒超音波心電圖。

我們過街去找東西吃，但我感覺越來越不舒服。在回程的斑馬線上，我差點站不住。我蹣跚走進房間。進浴室後，感覺到第一次陣痛。我們抓起護照和睡衣搭計程車直奔醫院。全波士頓我們只知道預約好的兒童醫院地址。

陣痛加劇，我用破英語嘗試向護士解釋我快生了，但她誤解了，說根據電腦我的預約是下午三點。「拜託，叫個婦女醫院的醫生或護士來。小孩要出來了！」我奮力說。她終於了解是怎麼回事，他們讓我坐上輪椅推過阿茲森娜提到的通道去婦女醫院。我們抵達時，我的產道已開口六公分。接著因為護士拼不出我的亞美尼亞姓氏，我又等了十五分鐘，天啊，我分娩時手腕上沒有重要的醫院名牌。我痛得大叫，但護士只說：「先別用力，撐住！」

到了終於該用力的時候，我不知道哪裡還有體力。我在飛機上沒睡，我懷孕八個月，身在外國的陌生城市。一切都好不真實。

在蒙得維地亞，羅貝托告訴過我：「別太相信科技。那些機器，老經驗，諸如此類。到頭來，還是得全看妳。波士頓有比烏拉圭經驗豐富的好團隊。他們已經做過幾次，那是唯一的差別。」事情果然如此。我在哈佛的醫學中心，顯然已經是對我兒子最好的環境。但我又累又餓又焦急，幾乎沒力氣分娩了。我兒子早產了，他們連我的姓都搞不清楚。我也不會說英語。這一切，都因為奧古斯丁決定該出來了。

從這時起，發生的事正如阿茲森娜跟我說的。他們叫狄亞哥離開產房，只剩我跟一名護士，躺在病床上，緊張得發抖。我跟外科醫師法蘭克・皮古拉通電話。我兒子都還沒出生，我不斷胡言亂語談他要動的手術。我停下來喘氣時，醫師只說：「妳看太多資料了。」他說得對。我經常跟羅貝托分享看到的書和文章，因為我很想知道。我學到了關鍵數字是五磅八盎司[6]。如果奧古斯丁能長到至少這麼重，生存機率就高。過輕就表示一切都會變得更複雜。

他一出生，我轉過頭去看磅秤。我眨眼又瞇眼，視線模糊。上面是……四磅十三點六盎司[7]。就這樣。「神啊，別這樣對我！」我大叫：「祢不能這樣逼我。不可以一直落井下石！」

那一晚，狄亞哥用輪椅推我經過走廊去看奧古斯丁，才四磅十三點六盎司，我們遇到哈佛心臟科名醫珍．紐柏格。我們在蒙得維地亞就一直跟她保持聯絡，還有幫瑪麗亞．戴．蘿莎里歐動手術的哈佛外科名醫佩卓．戴．尼多（在智利出生）。這就是我們這種病童的原始團隊：蒙得維地亞的羅貝托，波士頓的珍和佩卓。當我第一次見到珍，她說跟卡尼薩交情深厚，這有助於我放輕鬆。

珍是個嬌小親切的女人，散發出母性的溫暖。我想因此她才跟羅貝托很投緣，成為我們在波士頓的支柱。但即使珍的安慰也無法趕走壞消息。「奧古斯丁早產，我們預定的外科醫師佩卓．戴．尼多正在馬德里開會。我們有兩條路。我們等佩卓下星期回來，但是奧古斯丁風險更大，或者另外找在這類案例也有優異成果的外科醫師。」我問珍如果是她的孩子她會怎麼辦，她說：「我想我們最好跟羅貝托商量。」我們用我的手機打給羅貝托。我告訴他奧古斯丁出生了。一陣沉默。最後他問我孩子體重。「四磅十三點六盎司。」我說。又是一陣沉默。停頓許久之後他終於說：「他正好在邊緣。」我知道他太小。他問我：「佩卓認為呢？」「佩卓不在這兒。」又是漫長辛苦的停頓。「他們大

6 譯註：相當於二千五百克。
7 譯註：相當於二千二百二十二克。

致上成果都很好，不只是佩卓。」他終於說。因為奧古斯丁很穩定，我們決定用現有的陣容動手術。我們徵詢珍，她同意了。

手術安排在隔天清晨。

那晚我們保持警戒，到了早上六點，我們從主棟醫院到兒童醫院，法蘭克．皮古拉醫師在此等著動手術。雖然昨天我陣痛時我們已經談過，他再問一遍我是否明確了解我兒子的病況。羅貝托已經詳細跟我說明過，於是我照著記憶背誦。

因為他的左心臟發展不全，主動脈也受影響，他們會動手術讓心臟右側做左側的工作。他們會把肺動脈連接到主動脈幫助它運作，也會加寬主動脈的上段。同時他們會插入臨時的人造肺動脈直到動後續手術。他們會讓兩條大靜脈——把無氧血液送回心臟——直接連接到肺臟。無氧血液不是透過心跳而是血壓的改變流到肺臟。這樣子，奧古斯丁可以只靠半顆心臟存活。

皮古拉醫師對我的詳細說明很驚訝。「對，我們要做的就是如此。」他說。他問我們有沒有其他疑問，但我只想到問他昨晚睡得好不好——是否冷靜又有充分休息。他只微笑一下。他告訴我們手術會持續至少六小時。

卡拉斯科基督徒兄弟教堂，1976年6月18日：我們的婚禮，我們失蹤時，蘿莉就在這座教堂為大家祈福。（照片提供：卡尼薩家族）

烏拉圭，1975年：南多和我初次邀請塞吉歐・卡塔蘭來烏拉圭看我們。我們在蘿莉的娘家。她聽到卡塔蘭說我們是掉在聖希拉里歐山，便知道那會是我們長子的名字，為我失蹤時她許的願還願。（照片提供：卡尼薩家族）

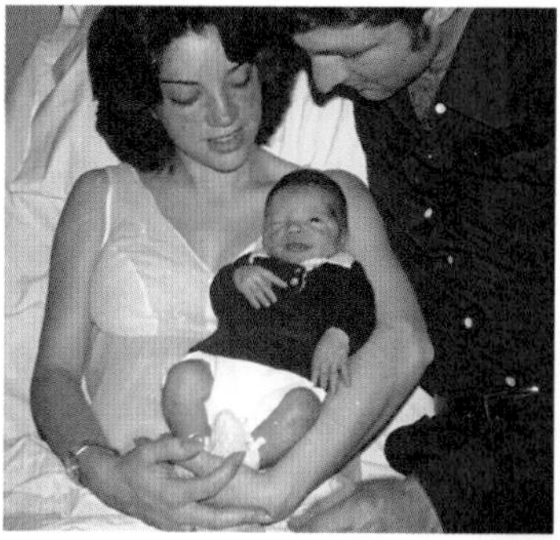

1977年9月12日：我與蘿莉及我們剛出生的長子希拉里歐。（照片提供：羅貝托・卡尼薩）

1980年：前往南非，當時我是南美橄欖球隊，1980年南美美洲豹聯盟的一員，要爭取冠軍並譴責反對種族隔離制度。（照片提供：羅貝托・卡尼薩）

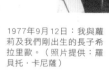

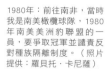

麥提尼斯鎮，1988年：我在聖費南多的醫院和蘿莉重逢時，答應她等我們成家後，我會帶她到最美的花朵盛開之谷：農民居住的麥提尼斯鎮。十六年後我實現了承諾。背景可以看到聖希拉里歐山。（照片提供：卡尼薩家族）

淚之谷空照圖，2015年：黃土色部分就是山谷。這張照片攝於4月，山上的雪已經融化。我們生還者停留期間，整個山都被雪覆蓋。（照片提供：狄亞哥．艾拉祖里茲）

淚之谷，2001年2月：與小犬希拉里歐和提諾合照。我回去墜機現場六次，每年只有幾天空檔可以騎馬兩天到達那個谷地，因為其餘時間總是有積雪。（照片提供：卡尼薩家族）

淚之谷，2006年3月：與小女拉拉攝於安地斯山事故現場；當時我想介紹她給死在山上的朋友們認識，因為他們的年齡相同了。（照片提供：卡尼薩家族）

淚之谷，2001年2月：在我朋友的墓前。（照片提供：卡尼薩家族）

淚之谷的墓地：1973年1月在距離機身2625呎的岩丘上，為山上的死者蓋了座墳。幾年後，生還者和我在一塊鐵牌上寫下留言：「紀念我們的探訪，永遠團結的29名兄弟中的16人。」（照片提供：羅貝托．卡尼薩）

聖地牙哥，2002年10月：蘿莉說我容易回想與複述在1972年悲劇中稀有的好時刻，像是我們遇到塞吉歐．卡塔蘭。在那些儀式中，我們年復一年打我們在1972年錯過的那場比賽，國際橄欖球協會主辦的所謂友誼盃（Copa de la Amistad）。2002年，事故過後30年，我們象徵性地回去打球。紀念儀式中，一架直升機載塞吉歐．卡塔蘭來到球場中，然後我帶他去牽馬。（照片提供：阿弗烈多．阿瓦雷茲）

2008年12月22日：事故以來，生還者每年在12月22日聚會以紀念我們獲救的日子。圖中是我和南多和他女兒賽西莉亞，我的教女，還有小犬希拉里歐，他的教子。（照片提供：卡尼薩家族）

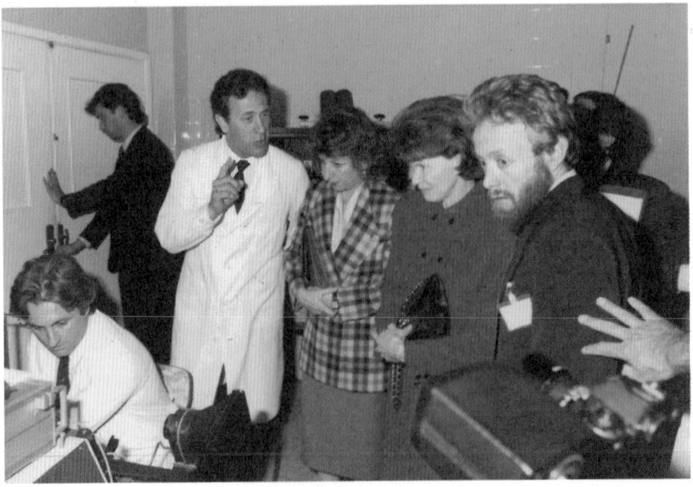

義大利醫院，1986年：烏拉圭第一夫人瑪塔．卡尼薩．德．桑奎涅提（左）和法國第一夫人丹妮爾．密特朗（右）訪問義大利醫院的嬰兒心臟病學研究中心，我在操作當時的心臟超音波機。陪同她們的是佩卓．杜哈根醫師（最左）。（照片提供：卡尼薩家族）

智利，1999年：與我朋友伊茲哈克．克隆森醫師攝於維拉里卡湖，他是紐約市雷諾克斯山心臟與血管研究中心心血管醫學心臟顯影部門主任。（照片提供：卡尼薩家族）

烏拉圭，2015年3月：在佩雷拉羅素兒童醫院，為保溫箱中的新生兒進行心臟超音波掃描。（照片提供：娜塔莉亞．達達特）

1995年：穿幼稚園制服的裘裘．布爾．貝拉札。（照片提供：布爾．貝拉札家族）

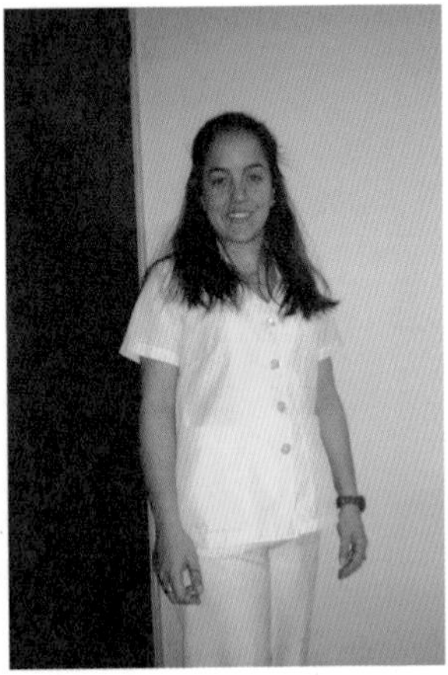

2014年：穿護士制服的裘裘．布爾．貝拉札。（照片提供：布爾．貝拉札家族）

2002年11月18日：提亞戈在父親哈辛托懷中過一歲生日。我把蠟燭拿到他嘴邊讓他吹熄。（照片提供：瑪莎．梅薩與哈辛托．德索札）

2010年10月21日：湯瑪斯大帝，我所認識最勇敢的孩子，和他母親艾德里安娜。（照片提供：艾德里安娜．馬札．德．克里瑪斯與伯納多．克里瑪斯）

劍橋，2010年11月：奧古斯丁．瓦斯奎茲．查奎里安和他父母，狄亞哥和伊莎貝爾，在波士頓作最後手術之後攝於甘迺迪公園。（照片提供：瓦斯奎茲．查奎里安家族）

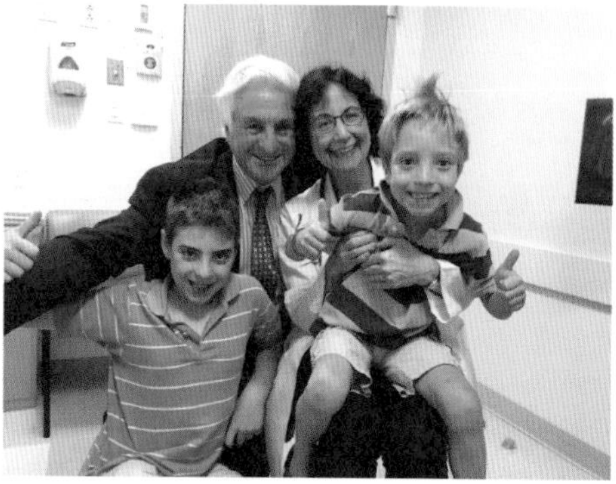

波士頓，2015年6月16日：奧古斯丁和他哥哥璜．狄亞哥，哈佛醫學院小兒科聯邦榮譽教授珍．紐伯格醫師，還有我。（照片提供：瓦斯奎茲．查奎里安家族）

波士頓，2015年6月14日：美國心臟超音波學會（ASE）主席尼爾．J.．魏斯曼醫師介紹我，當時我拿著提名成為ASE榮譽會員的牌子。（照片提供：ASE）

波士頓，2015年6月14日：我在研討會上演講感謝ASE賜給我榮譽會員資格。（照片提供：ASE）

2013年：歪戴著帽子，與內人蘿莉在家中跳探戈。（照片提供：卡尼薩家族）

2014年：與蘿莉在我們家的冬季花園。（照片提供：卡尼薩家族）

他說我們最好回我的病房。他們會用電話通知我們最新進度。每個小時，他們會打來讓我們知道他們發現什麼，打算怎麼做。他們會降低奧古斯丁的體溫到攝氏十八度，停止他的心跳，把他接上代替呼吸與送血的維生系統。然後他們會完成開心手術，提高他的體溫，重啟他的心跳。如果一切順利，他們會縫合他的小胸腔。否則接下來幾天還要維持開啟。我看過資料說如果他們讓他連接機器超過五小時，就有神經損傷的風險。

手術之後，我們被通知操刀醫師下午一點半會在加護病房跟我們會合商討。皮古拉醫師抵達時，我們已經在等著。他告訴我們一切順利，復原要花四到六週。接下來幾小時是關鍵，但手術是成功的。

一小時後，我回加護病房去看奧古斯丁。我到達時，他們叫我等一下，會有護士出來跟我談。我很緊張，但我猜想只是例行程序。護士出來告訴我出了個問題。醫師會過來跟我談。我發簡訊叫狄亞哥（他去幫我租擠奶器）趕快回來；出現併發症了。

珍和另一位會西班牙語的醫師過來告訴我有個術後併發症，皮古拉醫師正在判斷該怎麼辦。珍說：「他發生了血栓，還有幾次輕微的心力衰竭。整個團隊正在照顧他，搶救心臟。我們現在沒辦法多說什麼，因為還不確定；好壞都有可能。他們給了他抗凝血劑，並且斟酌著要讓他進入醫療性昏迷，還是送他回去動手術。他有心臟病，復原了，但又出問題。」

珍離開後，我茫然無措。幾分鐘後，狄亞哥回來了，同時皮古拉醫師過來告訴我們他們把他送回了手術室。情況惡化了。當時是晚上八點，距離奧古斯丁第一次進手術室已經十四小時。我的寶貝才四磅十三點六盎司，而且開膛破肚躺在病房裡。我們的心智無法再承受了。這時一切都懸而未決，凍結在時空中。我們蹣跚走下去餐飲部等候，外科醫師正在那裡冷靜地吃三明治看報。我永遠忘不了那個景象。**我兒子在生死邊緣掙扎時他在看報！**狄亞哥發現我震驚的表情。「這是好事，」狄亞哥跟我說：「他已經在醫院待了將近二十四小時，修理那顆小心臟。讓他休息一下用報紙舒緩心情吧。我們需要他神智清明。」

凌晨一點，我們忐忑地等了五個多小時之後，皮古拉醫師從手術室回來了。他處理奧古斯丁的心臟已經忙了十九小時。他告訴我們奧古斯丁熬過了第二次手術，我們回到昨天早上的起點：只能走著瞧。半小時後我們可以進去看他。

半小時過去。又過半小時。兩小時過後我們還被晾著。然後珍和皮古拉醫師現身告訴我們雖然第二次手術順利，他們推他去加護病房時，奧古斯丁陷入短暫的心跳停止，他們立刻把他接上稱作葉克膜（ＥＣＭＯ，體外膜氧合器）的外部呼吸器。有兩種可能。第一是他的半顆小心臟在手術中損傷太重，永遠無法復原；比較有希望的選項是他出生體重太輕，無法承受連續兩次手術，心臟只是需要休息。「我們必須等待觀察他的反應。」他們說。他這麼輕，只有兩天大，卻已經承受了兩次手術。他們會做一連串測試，以判斷他的神經系統是否受到影響，但一切跡象都不錯——只是我們要幾天，甚至幾年，等他長大成熟後才能確定。

凌晨三點，我們終於看到了奧古斯丁。我已經累得哭不出來。從他第一次手術已經過了二十一小時，他才出生三十九小時。這誇張到不像真的。我早知道會很艱苦，但從未想像我們都會這麼痛苦。

我們在混沌中耗了四天，不知道奧古斯丁會死會活。在第五天早上，他的小心臟開始出現反應跡象。原來它沒有太嚴重，只是需要一些時間恢復元氣。

那天晚上，醫師告訴我們雖然他被嗎啡麻醉了，奧古斯丁睜開了眼睛，看著房裡的每個醫師，又閉上眼睛。一方面，他們很震驚這孩子如此堅強——他們增加鎮靜劑，免得他事後耗盡體力——但他們很高興看到他有反應。

隔天，他們開始讓他停用人工心臟，逐漸讓他的心臟接替工作，看看反應如何。接著他們讓他完全脫離，讓心臟獨力工作半小時再接回機器上。那是我生平最漫長的三十分鐘。有六位醫師盯著他。隔天，他們讓他永遠脫離葉克膜，我們回到他初次手術後的狀態：在痛苦的煉獄中等待。

我們在波士頓住了一個月，體驗了身在世界最佳醫療科技之地卻同時身心俱疲的雙重性。生死未卜。

他們用餵食管給奧古斯丁喝我的母乳，因為他們怕他可能喪失吸奶能力。後來，我們在心臟科醫師和護士監督下開始讓他用奶瓶。目標很清楚：當他能喝光一整瓶，我們就可以出院。他終於做到的那天，我喜極而泣。

一週後，我們去複診，以判斷我們可否飛回蒙得維地亞的家。奧古斯丁檢查結果沒問題，我又哭了。這四週來我的寶貝重生了多少次？我數不清了。

帶著不到五磅[8]全身發紫的嬰兒，同時扛著接在他鼻子上的氧氣筒長途飛行，還要讓幾罐液體藥品通過冗長的美國安檢，我們終於在二〇〇八年四月六日回到烏拉圭。

我永遠忘不了在機場奧古斯丁初次見到他哥哥璜·狄亞哥的那一刻。兩人驚訝地互看。我看著我的寶貝心想，**親愛的，你的人生真是辛苦了。**

8 譯註：相當於二千二百五十克。

第39章

拉拉．卡尼薩，羅貝托的女兒

二○○六年三月十四日在聖希拉里歐山脈東側——我第二次去墜機現場——老爸告訴我他站在懸崖邊睡覺那一夜的故事。

我們在事故地點淚之谷搭了帳篷，但老爸想要單獨睡小帳篷。我看得出他情緒激動。所以我決定陪他在小帳篷過夜。那晚很寒冷，我們在安地斯山的稀薄空氣中吃力呼吸時，聽到遠方有雪崩聲。

「那晚我們站著睡覺，」他告訴我：「我求上帝讓它困難一點，很困難，只要我們能忍受，但拜託不要不可能。我祈禱祂讓我淺睡到不會讓我的腳滑下支柱。我承諾如果這次讓我們活下來，我一定會成功。」

「成功」不只意謂著存活。這表示不接受兒子已死的母親也成功了。也表示幫他在飛機裡的難友找到了救兵。

遠方的隆隆雪崩聲嚇了我一跳。老爸愣住。我在只有昏暗燈光的狹窄空間裡似乎無法放鬆。

我很少看到老爸如此苦惱。他要求我陪他跑一趟淚之谷，要騎馬兩天穿越山脈，讓他能向去世的朋友們介紹我。

「這是我女兒拉拉，現在跟你們一樣年紀了。」他說。

他坦承前幾次他回到山上時，待在現場宛如惡夢，因為他還聽得見朋友們的痛苦哀嚎。但在那天，他們只有向他耳語。

「我老得頭髮都白了，而他們永遠停留在年輕健康，就像蘇斯皮洛的牧草。」他說。蘇斯皮洛是我們家在烏拉圭東北部拉瓦耶哈山腳的四十英畝鄉下農場。他眼中閃爍著淚光，告訴我弗拉可．瓦斯奎茲的故事。

弗拉可．瓦斯奎茲跟我爸一起讀醫學，他是老爸所認識最優秀、最聰明、最敏感的人。老爸鼓勵他跟他一起去智利。弗拉可不是很想去，但爸爸很堅持。所以弗拉可去了，坐在爸爸旁邊隔著走道的位子。墜機後，等飛機終於停下來，爸爸發現弗拉可雙腿受了重傷。仍在事故震驚中的爸爸問他還好嗎，弗拉可回答：「嗯，快去救其他人。」等老爸兩小時後回來「巡房」，弗拉可已經失血過多。有塊螺旋槳葉片切穿機身打斷了他的腿。

「『我沒事，快去救其他人』他的態度成了我的指引。」那成了我爸一生的座右銘。

父親躺在帳篷裡，閉上眼睛，在安地斯山的夜晚聆聽遠方的隆隆雪崩聲。對我來說，有三個羅貝托．卡尼薩。神話與傳奇中的羅貝托．卡尼薩，民眾想要擁抱與同情的人，他們想在他的肩上哭泣。還有卡尼薩醫師，晚上穿著白袍在蒙得維地亞各家醫院巡房。第三個則是住在我家的羅貝托，融合了神話與醫生。那才是真正的我爸。

我跟他說：「爸，你老是叫別人享受生命，但你是最不享受生命的人。」他總是擔心別人，問他們好不好，所以經常忽略自己。他忘了自己也需要感受情緒。

我覺得父親彷彿仍被他的高山求救任務所指引：如果你跌倒，爬起來繼續前進。他所見所為支持著這個信仰。如果有人告訴你：「你的孩子機率再低也會撐過去。」你可能回答：「你憑什麼這麼說？」但如果你知道我爸的經歷，知道在雪山上存活那麼久、翻山越嶺幾乎站在峽谷的支柱上睡覺過夜有多困難，你就懂他有資格作那種宣言。

在安地斯山上發生的一切，我印象最深刻的是他的長征。兩個年僅十九和二十二歲的衰弱年輕人，完全不懂登山，已經受困很長時間，如何走完那段路？在雪中的殘破機身裡住了兩個月，以為他們死定了，知道搜救叫停了，周圍朋友一個一個死去之後，途中又失敗了這麼多次？經過這麼多事，他們仍有勇氣說出：「如果他們不肯幫我們，我們就自助——而且也會救我們的朋友。」

一天有個朋友來找我說：「我得跟妳父親談談。是急事。」

「幹嘛，怎麼回事？」我問道。

「我大考考砸了，需要妳爸幫我。」

大家都來找我爸求救。但他能向誰求助呢？

同樣的事也發生在他病人身上。絕望的母親需要有人給她力量，老爸就是帶給大家希望的那種人。他忘了自己，專心幫助別人，彷彿人生是永恆的，他遲早會有時間做自己的事。

同時，他也想要充分利用人生。若是美好的週日上午，他會在早上七點來叫醒我，因為他說我不能浪費美好的晴天。但即使陰暗的雨天，他也會說我浪費了一個美好的雨天。有時候我覺得因為他在安地斯山墜機，我有責任享受每一天，無論晴雨、快樂或憂鬱。我必須為了一杯咖啡或自來水心存感激，因為那是我在家受的教育。如果我沒有，就是對不起那些死在山上的人和他們的家屬。

我家不是普通的住家。我們總是有家族以外的人過夜，一天到晚人們來來去去。去年，家母在全玻璃屋頂，可以看到天空和太陽的房間裡豎了一棵聖誕樹。有一天，我發現有鳥在聖誕樹上築巢。我走近去看，懷疑是不是真的，牠跳上飾品和聖誕燈飾之間的樹枝，同時雛鳥們伸出頭來乞求食物。我突然想到：我們就是盛夏卻有一窩鳥住在家裡聖誕樹上的那種人。

無論安地斯山多麼可怕，我爸的逃離之旅更加令人欽佩。當你一輩子都是艱辛的旅程——我爸持續這樣過日子——會變成別人風暴中的燈塔。所以人們才過來表示他們有好多話想對他說，但結果擁抱著在他懷中哭泣。他們其實是想說給自己聽。老爸只是觸媒。他是風暴中的舵手，怒海中的燈塔之光，防止別人撞上岩礁。

我最佩服他的不是他自我奉獻幫助別人，而是他真心喜悅在做這些事。所以他太適合醫療事業了。所以他在安地斯山上的經歷更強化了這個天賦。他十九歲時的承諾一直持續履行到今天。

回顧往事，我總是有相同的結論：老爸出發長征的理由是不讓他母親失去他度過餘生。他必須為了母親活下去——雖然她說她一直覺得他活著。所以他存在於那個特殊地方，不是生死之間而是重生，就像他治療的那些無助小孩。沒有救治就活不下去的孩子。需要支持的焦急母親，就像他自己的母親。他母親想要知道自己是對的，老爸唯一的證明方法就是回到她身邊。當面把訊息帶給她。他今天的工作也是如此：他是焦急母親和孩子之間的希望使者。

有天週末，我看得出爸爸擔憂焦急地等待一位孩子有嚴重心臟問題的孕婦。一小時後她心平氣和地離開，我心想，**那個母親放輕鬆了，但她一定讓我可憐的老爸累壞了。**但我進去看到他時，他神采飛揚，精力充沛。

「發生什麼事？」我問他。

「她決定她的孩子要活下去。」他說。

新生命的展望是他的動力。那不只是他的無窮希望泉源，也是目標：幫助其他母親繼續相信。

第40章

梅西迪絲，患者裘裘的母親

我最小的女兒瑪麗亞．荷西，小名裘裘，現年二十一歲，但她的動盪旅程始於她還太小不記得的時候。

裘裘在加護病房裡度過兩歲生日。今天，她二十一歲生日剛過幾天，她又回到病床上，又進了加護病房。但過幾天她或許能離開這個地方，永遠不再回來。

裘裘兩歲半時動了她第一次手術，第二次在五歲，第三次九歲，最後一次是二〇一一年八月，全是在烏拉圭做的。

一九九一年十二月，裘裘滿兩歲的一個月前，她的醫師發現她有先天心臟缺陷：二尖瓣狹窄和主動脈狹窄。一個月後，我們見到卡尼薩醫師。在薩爾托密集治療一個月後，我們來到蒙得維地亞的義大利醫院會面。她預定要作都卜勒超音波心電圖，好精確判定她的心臟有什麼毛病。那個下午，卡尼薩醫師告知我們診斷時，我痛哭失聲，感覺彷彿永遠停不下來——我會終生哭泣。他伸手放在我肩上，很冷靜地叫我暫停一下，因為他有很重要的事跟我說：「妳不能哭，因為這是辦正事的時候。」

裘裘第二次手術之後，我跟卡尼薩醫師搭電扶梯下樓，有個《生活》雜誌的記者來採訪他。我緊跟著羅貝托，像第一次那樣哭得難以克制，記者問他我怎麼了。「那是女兒的手術成功之後母親的喜悅淚水。」他回答。

我們跟時間賽跑想讓裘裘多活幾年。第一次手術時，我承認我們期望不高，因為在烏拉圭對這種疾病沒什麼經驗。二十年來，他們一直給她的心瓣膜作矯正手術，爭取時間直到我們撐到六天前這次關鍵手術。他們用十一小時的手術更換了她的兩個心瓣膜。

跟時間賽跑是因為裘裘一直有猝死的風險，我們從她初次診斷就知道了。我們天天提心吊膽過日子，永遠在警戒狀態，因為每次感冒都可能有併發症，每次流感都要跑急診室；每次疾病都可能帶來悲劇。她還有心內膜炎。她的壽命有限：她不能用力過度，不能跑步，也不能吃低鈉飲食以外的任何東西。

卡尼薩醫師經常跟裘裘坐下來聊天。有時候我躡手躡腳湊近偷聽到他們交談，經常談到很私密的事。有時候他們談死亡，簡單直接到令我傷心。我看到她偶爾會跟他爭執，我會認為她正在叛逆期邊緣，但是對話過後她又總是平靜、安詳。

當卡尼薩醫師剛下定決心我們必須救裘裘，他竭盡全力找對策。他對我們有意想不到的影響。即使情況不妙，卡尼薩醫師也會提出他的意見，讓我們鬆一口氣，因為他帶給我們情況會好轉的希望。當情況真的很凶險，他會想辦法表現得好像沒那麼糟。我跟他說過他不只是治療心臟，也修補靈魂。

我們住在薩爾托，距蒙得維地亞超過一百五十哩。我記得有一次，一九九八年第三次手術之前，七歲的裘裘差點死掉。羅貝托跟我們一樣焦急，到處找辦法，直到有一天他感動又振奮地打給我們，說他找到辦法了。不是選項、替代方案、實驗性療程，而是能解決裘裘病況的實際手術。從他的語氣可以聽得出他也找到了內心平靜。真巧，有位紐西蘭名醫叫做羅傑．米，在克里夫蘭醫院執業，也是羅貝托的朋友，當天會來蒙得維地亞開會。他是世界少數會做羅氏手術（the Ross）[9]的特種療程外科醫師。真是難以置信的運氣：他的會場就在附近，這位醫師正好擅長治療裘裘的病況。裘裘奄奄一息，沒時間可以浪費。卡尼薩醫師去機場接他帶回他家，而非他的飯店，請求他動手術救裘裘的命。米醫師完全沒料到會直接跳進手術室。但是當晚十一點半，他完成裘裘的手術後走出手術室。

「我盡力了，看起來一切順利，但我必須道歉我的團隊都不在這裡。」他告訴我們。

他通常是跟一群特定醫師作這種手術，他說如果他們也在場或許可以做得更多。原來，他沒時間進一步修補她的心臟，他說，因為他們無法安全地幫裘裘繼續痲醉。但那次手術——他移除了兩個瓣膜擋住血流進入主動脈瓣的多餘組織——足以讓裘裘活到六天前的手術。我永遠忘不了那一刻：從紐西蘭遠道而來的醫師，午夜時分走出手術室，因為他雖為我女兒盡了全力，若有團隊還可以做得更多，居然請我原諒。我緊抓著卡尼薩醫師的夫人蘿莉——也在醫院任職，在裘裘十小時手術期間來陪羅貝托——又哭了起來。

卡尼薩醫師再三要求我學會與裘裘的心臟疾病共存，而非看作是悲劇。我想我可以。因為我二十年來在醫院和加護病房看過好多可怕的事，我很感激裘裘的病還有救，

9 譯註：自體肺動脈瓣移植術，將患者自身的肺動脈瓣移植替代病變的主動脈瓣。

我們能夠繼續一天天過下去。我們需要的是有人在我們身邊，如此而已。我們只想要一個健康的女兒。但如果我們得面對威脅生命的疾病，我很慶幸是這一種。學會跟它共存很難。我生活中經常長時間廢寢忘食，不在乎自己發生的事。我有個女兒在加護病房，家裡還有另外兩個掛念的孩子。他們是我的優先。我常想，**我改天再睡吧，我晚點再吃飯吧。**當我終於學會跟女兒的病共存，也終於能夠休息了。

我記得裘裘病況危急那晚，我們焦急地搭救護車從薩爾托直奔蒙得維地亞。天空下著傾盆大雨。我請卡尼薩醫師在醫院跟我們會合。當我們警笛大作趕到，我透過流洩的雨水看看窗外，在夜色中看到他的身影。我馬上知道我們不會有事。他大可在室內等我們，卻在外面狂風暴雨中撐著傘，讓他們打開救護車門時，裘裘看到的第一張臉是他。這個人在風雨之夜等待我們的景象告訴我，他會一直陪我們，直到最後。「看，裘裘！」我跟女兒說：「我們得救了，親愛的。我們得救了。」

第41章

有個醫學支系專注在延長老人的壽命，但我擔心的是根源、起點。成人通常資源較多，老人通常有人照顧他們。但很少人維護尚未出生的人。當這類病例發生重大問題，有時候父母、其他成人、親屬和醫師們會說：「放手吧；妳可以再生一個。」或者，如同他們告訴一個剛生完小孩的母親：「請面對現實，令郎沒什麼辦法可救了。」

誰來為那些孩子，那些被告知不可能存活的人說話？由不得他們作決定，全看子宮外的人。醫師通常迴避這些風險無疑很高的病例。但這些孩子沒有工會、不會說話，也沒人可以求助。他們比我們在一九七二年的處境更惡劣。他們連照片都沒有，只有模糊的超音波影像。

一九九四年，我偶然地涉入了政治，我心裡有個目標：我們怎樣在全拉丁美洲最平等主義的國家拯救10%生活在貧窮中的兒童，那些被遺忘的人？我們如何讓所有小孩都有機會從自己的山頂上獲救？

一九九四年，我被捲入了大約十萬名病童的案子。當我告訴家父我的計畫——用我在安地斯山上的經歷獲得的名聲，做些事幫助來義大利醫院找我看診以外的病患，把這十萬個案例擴大到烏拉圭的三百萬人口——他勸我打消念頭。家母則嚴肅地告訴我，她會幫我拉票。

很多人想勸退我。他們說這是不切實際的夢想，我沒有政黨資源或支持，我缺乏經驗，也缺少必要的權力欲，這些公認為勝選的要件。對，我了解這有點不切實際，不，我沒有權力欲，但都不能阻止我幫助戒毒者、拯救左心發育不全的小孩或徒步翻越安地斯山脈的頂峰。你不必渴望權力，只需要貢獻自己照顧別人。

那是我生平第一次採取比較系統性的方法解決闖入我人生的問題。

我國家的歷史也適合。自從二十世紀初期建立世界第一個社會民主政體，烏拉圭的社會很包容。她號稱「模範國家」與「美洲的瑞士」。一九二五年，愛因斯坦造訪烏拉圭，贏得諾貝爾物理獎之後三年，他寫道：「我在烏拉圭找到了生平罕有的真正溫暖。他們愛國而沒有崇高的幻想。烏拉圭是個快樂的小國。」

我一向覺得這個沒有「崇高幻想」的「快樂小國」就是我個人，還有我們在山上的團體，在一九七二年獲救就奠定了基礎。

當然，我宣布我要進軍政壇時——成立藍黨並且停留到確保我離開後它還能存續——第一反應是完全不信（每當我在人生中走上意料之外的路時通常如此）。

我很快發現這將是長期的志業，會排擠我用喜歡的其他方式助人。我不能只是跳進去幾年就抽身。這是無期徒刑。事實上，結果證明你真的必須有權力欲——而我絕對沒有。

我不確定如果我堅持下去會怎樣，我會不會像其他政客在一長串失敗之後成功幾次。當時我只是因為想要更大規模地助人，誰知道如果我具備當總統的條件會怎樣？但我知道：烏拉圭幾乎每個政黨的領袖都要求我加入他們——進入體制而非嘗試獨力做到，也就是不要睡在戶外的自製睡袋裡。我拒絕了他們的邀約。原來我在其他領域可以更有用。

從我在一九九四年參選總統的總得票數看來，我的競選是場大慘敗[10]。但從其他角

10 譯註：一九九四年，羅貝托・卡尼薩投入競選烏拉圭總統，成為候選人，但最終得票率僅0.08%而失敗。

度看，也很成功，因為就像兄弟隊在我年輕時教我的，我終於學到了自己的極限。安地斯山上十九歲的羅貝托再度回來教我什麼是謙遜。

第42章

艾德里安娜，患者湯瑪斯的母親

我們在二〇〇〇年結婚，露西亞在二〇〇三年出生，湯瑪斯則在二〇〇五年。他只活了五歲，但不知怎地他變成了湯瑪斯大帝。他做了什麼偉大的事？他教導我們所有人，先從父母開始，真正的生命樂趣。說他「只」活了五年並不公平。他活了五年，就這樣。

他最初幾個月不斷更換醫院和醫師。他很少休息。當他終於回家，並不是有玩具、尿布和鮮豔育嬰室的正常小孩。湯瑪斯比較像受傷老兵。他有呼吸管和氧氣筒，要用插管餵食。但是，他雖然錯過了很多，絕對不虞匱乏的一樣東西就是純粹的喜悅。羅貝托·卡尼薩老是說湯瑪斯是崇高的生物。不然怎麼解釋他如此不幸卻散發出無比的生命力？每當卡尼薩談起湯瑪斯時，都用現在式。

湯瑪斯從來不怕手術。對他而言，卡尼薩醫師不只是醫生：他是照顧他心臟的朋友，也是他的醫師。「我們要去找我朋友讓他看我的心臟嗎？」他會這麼問。

湯瑪斯在二〇〇五年八月十六日剖腹出生，體重八磅十四盎司，長得很漂亮。他的新生兒醫師侯黑．史佩耶負責接生，稍後聽他的心跳。我們三人一起在我的復原室裡過夜。隔天，史佩耶醫師過來，又聽他的心跳，安排他作心臟超音波。但檢查沒有清楚顯示他有什麼毛病。史佩耶醫師叫我帶湯瑪斯去義大利醫院找卡尼薩醫師。我和負責照顧我的婆婆一起去。我們不太確定怎麼回事。而當我們與卡尼薩醫師碰面，他臉上有種表情，現在我明白那代表發生了嚴重的事。他還沒檢查湯瑪斯，但他擔心他聽說的事情。

他仔細作了超音波，但是當我們問他是什麼事，他說最好讓我們的主治醫師先跟我們談。史佩耶醫師從柯洛尼亞開車將近一百哩來蒙得維地亞參與。我們走進隔壁房間，卡尼薩醫師用來私下談話的特殊空間。史佩耶醫師告訴我們情況看來不妙。湯瑪斯患有稱作左心發育不全的缺陷。他的大動脈收縮，血液流過稱作導管的東西，隨時可能閉合，到時寶寶就會死。「如果你回家，小孩幾天內就會死。」他說。還說我們及時發現，但現在有兩個可能的嚴重後果。如果我們什麼都不做，湯瑪斯一定會死。如果我們動手術，他可能在手術中死亡——也可能存活。他們在烏拉圭做這種手術只有五年經驗。這項手術還很新，只有兩個小孩撐過療程存活。「那是我們唯二的選項。」他告訴我們。如果他出生前就診斷出來，我們會有其他選項。但是，我們的選擇有限。

那一刻我的感受很難形容。只想到感覺宛如炸彈在我體內爆炸。

我們可以帶他出國，他們作這種手術比較有經驗，但風險比較高。當時，我是學校的櫃台接待（現在我是護士），丈夫是會計。我們沒太多錢或資源在這麼短時間湊齊。醫師告訴我們：「你們當然願意為孩子犧牲生命，但必須記住過程中你們不能失去住所（我們貸款還沒還清）。不然事後你們和湯瑪斯要住哪裡？」此外，湯瑪斯已經出生了，這種疾病的嬰兒可能沒辦法搭飛機，必須有特殊設備。如果我懷孕時就診斷出來，我會冒這個險，但時光無法倒流。況且，我們知道史佩耶醫師和他的團隊會為他盡力。所以我們決定留下來在烏拉圭的兒童心臟研究中心動手術。

回想起來好像情緒地震，充滿刻骨銘心的回憶片段。有個重要時刻是我們作決定之後，卡尼薩醫師進來。卡尼薩醫師、外子伯納多和我俯看著搖籃裡的湯瑪斯。我問他：「他的機會有多少？」他望著我。「我是說，多少百分比？」我補充。我想聽別人告訴我還有機會，即使只有10%，給個具體數字讓我們寄託希望。他看著我的眼睛，說：「我生平被迫做過最困難的事就是徒步穿越安地斯山。這種病就是湯瑪斯的安地斯山。百分之一或百分之九十都不重要。對湯瑪斯來說，只有百分之百才重要。」從此我再也不用百分比談生命。

八月二十九日，出生十三天後，他們讓湯瑪斯注射前列腺素準備好，動了手術。手術過程持續了八小時。他們不時出來告訴我們進行得怎樣，面臨並克服了什麼障礙。動完手術，我們看著湯瑪斯被送進加護病房；因為手術中的瘀青和腫脹，他看起來不成人形。他很快穩定下來；手術成功了。湯瑪斯手術時我們反覆聽到的是，「他適應得這麼好真是神奇。」卡尼薩醫師告訴我：「他生存意志很強。」

第一次手術中，他們裝了根管子確保來自他心臟的血液能抵達肺臟。

我們回家後，湯瑪斯不肯進食——他不肯吸奶——我們又回去醫院。他們又動一次手術安裝餵食管把營養直接送進他胃裡。雖然手術成功，他開始增重，不久他的呼吸發生困難。他會噎到昏迷。他們帶他做更多檢查，發現初次手術時不慎切斷一根神經癱瘓了他的聲帶。他們必須做氣管切開術。我們早已知道這是風險之一。看到我們的寶貝脖子上插著管子很難過，但卡尼薩醫師告訴我們現在他會有低沉雄壯的聲音，就像個智慧老人。事實上，湯瑪斯成了個超齡的聰明小孩。

湯瑪斯十月三十一日回家，但他的心臟輸氧管很快開始出問題，我們只好送他回醫院讓卡尼薩醫師幫忙穩住他。然後，才四個月大的他必須動另一次手術，因為管子堵塞了。此外，他的氣切管也有問題。我們直到十二月底才回家。

正常嬰兒出院後，直接就回家了。湯瑪斯回家要掛著氧氣筒以確保他的血氧指數保持穩定，還有餵食器和鼻胃管、氣切管、脈搏定量計、一位用保險給付的護士多明哥。幾天後，多明哥告訴我們醫師覺得如果他只會多活幾天，湯瑪斯應該可以在家，不必待在加護病房。

十二月三十一日上午十點，我們帶著所有設備剛回到家，護士就通知我們湯瑪斯的脈搏氧指數降到可怕的55%。我們有兩個選擇：趕回醫院或給湯瑪斯機會自己穩定下來。

於是，我決定問湯瑪斯。我看著他的眼睛……我們一起決定留下。那天，他贏得了「湯瑪斯大帝」的綽號。我喜極而泣。

十二月的第二次手術也成功，改善了湯瑪斯的生活品質。他比較穩定，我們不再有管子堵住必須緊急送醫的風險。過了一陣子，我們甚至不在他房間放氧氣筒了。這是我們家有所改變的跡象。湯瑪斯從病患逐漸轉變成小孩。他成長茁壯，剛過一歲時，便不再需要全天候護士了。改成護士只在需要時過來，史佩耶醫師也是，因為他在我們家待太久，我開玩笑說他在這裡是自家人。

二〇〇六年五月二十五日，他們拆掉餵食管讓湯瑪斯學進食。後來，他們給他裝了發音閥，他很快學會講話。有時候他會遮住氣管造口套管開玩笑。他適應得真好……

你可能以為一個小孩有湯瑪斯這種經歷，會變得羞怯或叛逆。但事實正好相反：他開朗又貼心。我們養育兩個孩子露西亞和湯瑪斯，完全享受生活。我們不會把湯瑪斯當病童養。當然，他有些我們常說的「出廠瑕疵」，但我們會把他當一般小孩養。我們也盡力這麼做。

我們在湯瑪斯一歲八個月大時送他去幼稚園。有人說我們瘋了，竟敢把氣切小孩送進去。別的小孩會好奇去摸他的氣切管。但我們希望湯瑪斯擁有豐富正常的生活，因為每天都是恩賜。他已經證明了自己是個倖存者。我們希望湯瑪斯盡量過好日子，而非困在室內看著外面少了他的世界運轉。十月六日，醫師們在兩年後拆掉了氣切管，他開始正常呼吸。別的孩子立刻問他管子哪裡去了，但很快就遺忘，湯瑪斯變成了普通小孩。

老師們都替湯瑪斯擔憂。他們有時會慌亂地打給我說：「湯瑪斯的呼吸有怪聲！」當我趕到幼稚園，他在上課中看到我總是很驚訝，說：「媽媽，妳怎麼提前來接我了？我跟朋友玩得很開心。」我會掰個跑來的理由，故作輕鬆地檢查他，再讓他跑回去跟朋友玩。他會跑個不停。

拆除氣切管的幾天後，我們送他去參加一家復健中心，加德爾之家的水療課程。湯瑪斯發現世界上他最喜愛的就是水。他幾天內就學會了游泳。我去游泳池會看到這小男孩憑他的微小肺活量，潛到池底向我揮手，在水面下發笑時努力別喝到水。他高興得憋不住笑。

他三歲開始上學，很快顯示出他是班上最聰明用功的小孩之一。有天他們叫他用黏土捏隻動物，做得太好了，至今仍放在家裡櫃子上最顯眼的位置。

我覺得這世界彷彿失去了一個真正的好人，給他的時間太短了。我仍跟湯瑪斯的最後一任老師保持聯絡，她說她印象中沒看過湯瑪斯哀傷或低落。他總是能找到每件事和每個人的優點。每當班上同學發生爭吵，湯瑪斯總是出來化解的人。他相信世界上總有和平解決的方式，我們永遠可以找到團結而非分化的理由。

湯瑪斯搶先我們上天堂的一年前，我們創立了 Corazoncitos 基金會，意為「小心臟」（卡尼薩醫師為此貢獻了許多時間），幫助有先天心臟疾病兒童的家庭。我們致力於早期偵測，讓這些孩子能盡量過完整的人生。

湯瑪斯感動了好多人，在他臨終前，醫院擠滿了來為他祈福的人。醫院管理單位叫我們請大家別來了，因為他們無法應付這麼多人潮。但我們怎麼說得出口呢？

如今，當我開車經過公車站看到有人站在大雨中，我會讓他們搭便車。有時多載一兩個人。我們問清他們要去哪裡再送他們去。有一天我先生說我可能誤載陌生歹徒。但我不以為然。你看得出誰需要幫助，無論內心或外表。

我們住在小公寓裡，每週六，我們全家坐上綠色小車去公園野餐。如果你問湯瑪斯長大以後想要做什麼，他會說：「我要像爸爸一樣每週六開綠色小車出來野餐。」

孩子給父母最大的讚美，就是說他長大想要跟你一樣。不是因為你要他像你，而是因為你知道你做了帶給他喜悅的事。因此我開心地開著小綠車跑來跑去，一如湯瑪斯的夢想，幫助別人抵達目的地。

湯瑪斯的人生很正面。他沒有因為每天必須吃好幾次藥而痛苦。他的人生反而像一首歌，也像晴朗早晨高踞枝頭叫個不停的鳥兒。有一次我在市集用嬰兒車推著他，車上掛著他的氧氣筒和餵食管，一個婦女攔下我說：「喔，可憐的孩子。」我說：「不，正好相反。你看他的眼睛。他是快樂寶寶，他不只盡力過著精采的生活，也豐富了我們的人生。」

他姊姊露西亞以為他掛在機器上幫助呼吸與進食是完全正常的。每當有人問她弟弟好不好，她會回答：「喔，他很好。他用鼻子吃飯用脖子呼吸，但他沒事。」人們很驚訝。有些醫師也是，他們說我是他們聽說過唯一定期帶兒子去海灘的媽媽。但史佩耶醫師對此很高興，尤其因為他知道父母會幫湯瑪斯的氣切管做濾網擋住沙子。

湯瑪斯過世那天，我記得有幾十個人擁抱我在耳邊低聲說些鼓勵的話，但我完全不記得他們說了些什麼。一個字也記不得。我最感激的人是二〇一〇年十二月七日早上坐在加護病房外，一個字也沒說的親友們。我和先生會不時恍惚地從房裡走出來，他們只是默默地擁抱我們陪伴我們，直到我們回到房裡。我學到在那種情況，沉默可以說出言語無法表達的事：**我們無法想像你經歷的一切，但我們可以在這裡握著你的手。**

如今，湯瑪斯過世後，我看待城裡的孩子也不一樣了，那是湯瑪斯沒能活到的年齡。我知道幻想湯瑪斯如果還活著會做什麼對我不好。我總是提醒自己要是湯瑪斯看到我這樣會很難過。我不希望這樣。我希望他知道媽媽很想念他，但我會繼續前進。他比任何人更向我證明了人即使有氣切管、餵食管、氧氣筒、每天吃八種藥，還有差點搞瘋我們的脈搏血氧定量計，也可以過著充實、豐富、歡喜的生活。他向我們證明簡單的真理：他沒有夭折；他比別人預期的多活了五年。

每當我約見或在街上巧遇卡尼薩醫師，我總是帶著一些他認為能幫基金會推動工作者的姓名電話回家。他有一大片總是很熱心的人際網絡。我每次見到他，他總會說：「艾德里安娜，我在想，妳知道該找誰商量嗎……？」他會給我後來證明很重要的人名、電話號碼或某種小細節。

他請我協調的上一個病例是名叫克拉莉塔的女嬰，她心臟的兩條主要血管天生錯位了，還有心室中隔缺損。羅貝托打給我說：「艾德里安娜，克拉莉塔過世了。妳可以幫什麼忙嗎？」我試著打給她媽；沒人接。打給她爸，也沒人接。於是我留言說我也是夭折的心臟疾病兒童的母親，如果有什麼我能幫忙的，隨時效勞。

一週後，孩子的爸打給我。他說他們聽到我的留言，想跟有類似經歷的人談談——因為他們不知道該怎麼活下去。於是伯納多跟我去見他們。起先，我們都很拘謹，但沒多久我們就找到共通點開始分享故事。其實就是那些輕鬆的時刻讓我們聚在一起。我們回想在我們孩子的葬禮上聽到的話，像是「別擔心，改天妳可以再生一個。」彷彿我們可以生個跟他一模一樣的。我們忍不住笑了，因為我們知道他們沒有惡意，只是無法理解我們的遭遇。

我有時告訴羅貝托：「你該做的是設法連結麥提尼斯鎮的清新翠綠谷地和東方五十哩外淚之谷的冰冷機身殘骸。」意思是，把這兩種人生融合為一體。他總是聽著不置可否。他得設法找到自己的內心平靜，就像我得找到我的。我們都有自己的方式結合我們被悲劇劃分的兩段人生。每當我告訴羅貝托我見其他父母的經過，我們如何哀悼甚至大笑，他會專心默默地傾聽。但我看見他眼中的火花：他把麥提尼斯鎮帶到了淚之谷。

有一次，我問他為什麼做這些事。「我必須回饋生命帶給我的一切。」他回答。

所以我也變成了這個目標的一部分，幫助母親們帶小孩來作免費心臟篩檢。我立志幫忙團結這個破碎的無名社群，讓我們能互相連結變得更堅強。我永遠記得的一刻是某次湯瑪斯看完醫生之後，羅貝托剛給湯瑪斯作完超音波，我們出來經過候診室時，有個母親過來向我說：「抱歉打擾了，但妳是艾德里安娜嗎？那是湯瑪斯？我聽說過很多妳的事，我很敬佩你們母子。我是伊莎貝爾，奧古斯丁的母親。」

第43章

湯瑪斯是我六十年人生中見過最勇敢的人。通常醫生過來聽心跳時，小孩子會害怕；他們會低下頭或放聲大哭。但湯瑪斯會問，「你要來檢查我的心臟嗎？」彷彿那沒什麼大不了。

他短暫的生命裡經歷了太多，當他來看診時，我才是害怕的人，在巨人面前感覺渺小，一個散發出親切和溫柔的小男孩。因為他聲音刺耳，我告訴他他是個「小大人」——舉止像大人但有小孩的溫柔。「我像你一樣。」他會說。他才三四歲大。但當他說出：「我像你一樣。」我立刻看出他是屬於山的小孩。他是懂得掙扎求生真諦的人。

第44章

伊莎貝爾，患者奧古斯丁的母親

二〇一〇年十二月，奧古斯丁出生，我們在波士頓度過超現實般的一個月後的兩年半，也就是他在同一家醫院第四次手術之後一個月，我們在蒙得維地亞的義大利醫院約診。我已經懷了第三個小孩幾週，是女兒瓦倫提娜。有人說：「哇，妳真勇敢！」但對我們來說，再生小孩只是人生的一部分。人生總要繼續。奧古斯丁已經不是嬰兒，而是愛玩的幼童了。辦公室關閉，因為卡尼薩醫師在佩雷拉羅索中央醫院（兒童醫院）有急診。當我終於帶著奧古斯丁進去見到他，我發現羅貝托的心情似乎比較想聽話而非談話。兩歲半活力充沛的奧古斯丁很喜歡他的辦公室，東摸西摸，跑來跑去，但羅貝托非常冷靜。我比羅貝托更擔心他會弄壞什麼東西。

「我想給妳看個東西。」羅貝托向我說。他打開皮夾拿出一張字條。他說：「妳沒有遵守承諾，因為奧古斯丁沒有打高爾夫。」我手拿著那張字條，想起我們的協議。

三年前，我懷孕第二十三週，羅貝托證實了我兒子的心臟疾病。震驚與哭泣過後，得知存活機會渺茫，他問我們是否想去蒙得維地亞喜來登飯店舉行的一場新生兒研討會認識費城兒童醫院的傑克．萊契克醫師。那位出身美國最知名醫院、專精嬰兒心臟科的世界級胎兒心臟科名醫碰巧就在本地。萊契克和羅貝托主持其中一段。我們不敢相信自己這麼幸運，這個關頭最有知識的醫師就在蒙得維地亞，更別說能夠求他救我們的兒子了。

我們抵達飯店走到舉辦研討會的會議廳，跟其他顯然來意相同的父母在附近的休息室等待。我們不確定怎麼回事。那些夫婦輪番進去，直到只剩我們在等。然後他的助手出來告訴我們，萊契克醫師在十五分鐘中場休息時間可以見我們，而非像其他父母在全體醫師面前，簡報他們的臨床案例當作會議的一部分。休息時間，我們被帶到旁邊的會議室，裡面特地為我們設置了病床和超音波機。從我們的位置，我們聽得見其他休息的醫師低聲交談，喝咖啡。他們要我躺到病床上讓萊契克和羅貝托進行超音波，我用粗淺英文程度拚命理解他們到底如何描述我兒子。萊契克冷靜親切地詢問我的生活和背景，彷彿他已了解我的一生。他沉默自信地看著螢幕，好像是家常便飯，跟我們先前在其他醫師臉上看到的驚訝表情完全不同。

兩個男子走進來告訴羅貝托休息結束，他們該回去開會了。但卡尼薩醫師不太在意，留下來又陪了我們一陣子。單獨跟萊契克醫師談了幾分鐘之後，羅貝托告訴我們他的懷疑沒錯。奧古斯丁的情況可以手術（我永遠忘不了他的措詞），他又補充：「現在就看你們決定了。你們未來的路漫長又辛苦，但是仍做得到。」等我們消化理解他的話之後，他已經回去開會了。**決定？**

那只是我們第二次見到羅貝托，所以我不知道我為何這麼做。或許出於厭惡那些叫我們認真考慮我們要怎麼做的醫生，就因為奧古斯丁沒救了，我們就該放棄。當時我拿起會議室的紙筆寫了張字條給羅貝托。內容是：「非常感謝您給我們機會見到萊契克醫師。上帝給我們安排了困難的考驗，但我知道沒找錯人。我希望您記得這個名字：奧古斯丁・瓦斯奎茲・查奎里安，因為總有一天他會是高爾夫名將。」至今我還是不懂我為何寫這些。我懂什麼高爾夫？只是有位醫師跟我們說過，因為他的心臟狀況，最好的情況下，奧古斯丁永遠也無法擁有活躍生活，永遠無法玩運動。但現在我想，**他為何不**

能長大擁有完整活躍的生活，或許還能打打高爾夫之類的？我摺起紙條，找到羅貝托的夫人蘿莉，請她轉交給他，因為我們沒機會道別。

如今三年後，羅貝托把一直帶在身上的字條交給我。我看完之後，雙手發抖眼中泛淚。他拿走字條放進奧古斯丁的病歷裡。從那天以來發生了好多事。**天曉得他為什麼保留剛認識的夫婦的字條這麼久？他處理我們這種案例時心裡在想什麼？**然後，我想起安地斯山。對他而言，我們都是另一次墜機，他會不計代價拯救倖存者。

* * *

今天，奧古斯丁是個充滿喜悅和活力的孩子。以他的年齡來說算是瘦小，因為呼吸器掛太久，聲音變得沙啞。但他很有自信，不知道自己多麼瘦小。他總是準備好面對世界。他頑皮、有創意又聰明絕頂。他是團體的焦點，天生的談判家，不知道遭遇挫敗的意義。他甚至還踢足球，而且很拿手，不是因為他跑得快或比較壯，而是他敏捷又注意細節。他讀的是羅貝托的學校，基督徒兄弟學院。校長發現奧古斯丁身分的那天，他說：「他是小卡尼薩！」

奧古斯丁和我經常一起旅行，經常只有我們兩個，去波士頓等地動手術和定期看醫生，我們成為親密夥伴。我們每三個月去看羅貝托的旅行變得比較像社交拜訪，而非約診。羅貝托是他朋友，不必跟兄弟姊妹或其他家人分享的朋友。所以才更特別。那是他的專屬空間，他的宇宙。或許因為這樣，那裡是我讓他用我手機玩遊戲的唯一地方，當他們作超音波，而我跟員工聊天時，他也能有些娛樂。那個辦公室成了他的地盤。

有一天，奧古斯丁決定畫張圖祝賀羅貝托的生日。他畫了所有人：他自己，他的哥哥姊姊，他父親和我，旁邊是穿戴牛仔帽、寬皮帶和靴子的羅貝托，一旁還有他剛出生不久的孫子班尼丘。他在圖畫上方寫著：「我們的家庭。」

多虧跟羅貝托長談與觀察他的生活方式，我學到了很多。我學到了當英雄不只要堅毅地度過改變人生的重大狀況，也要在日常細節中當英雄。我學到了幫助別人，對自己做的事保持熱情，不是墜機生還者或長期病童家長的專利。不是保留給因為撐過了重大悲劇就突然比你優越的少數幸運者。讓我們各自不同的是我們人生中承受與克服的打擊。奧古斯丁形容得好，成為我們家一份子，令我們逐漸喜愛與尊重的羅貝托這麼做，是因為他是高貴、謙卑又感恩的人，不是因為他在山上獲得的名聲。他是啟發身邊眾人自我提升的人。而那本身就是個奇蹟。

奧古斯丁從來不知道羅貝托在山上經歷的事。沒人向他提起過。二〇一二年，事故發生四十週年，學校辦活動紀念那次事件，告訴學生們安地斯山上的意外。那晚在晚餐時，我們互相報告一天的經歷，放學回家後就憋不住想說的奧古斯丁終於說出他一整天等著告訴我的事。「媽媽，媽媽！妳知道四十年前，我們學校有些學生坐飛機掉在山上嗎？我打賭妳絕對猜不到誰在上面……」

第45章

提諾・卡尼薩，羅貝托的次子

直到今天，我都看得到長征留在家父身上的痕跡。我花很多時間觀察他，不只因為他是我爸，也因為從我成為醫療人員之後和他共事了八年。首先，我看得出安地斯山對他的影響。老爸在機身裡和求救路上吃了不少苦，讓他變成了「生命成癮」。

我總是很驚訝他的決心從不動搖。他監看母親子宮裡的心跳，提供她最好的處理方式是醫師的職責。再怎麼麻煩，他的目標總是要救孩子。即使是大多數醫師寧可不碰的最複雜案例。

如果小孩出生只有一個心室，這件麻煩事至少會在他人生的前二十年影響所有家人。但我爸從不放棄。即便是最糟的案例，我從未聽過我爸懷疑或猶豫，從未聽過他說：「讓孩子走吧。」也從沒聽他說過：「我們沒什麼辦法了。」或「也許你該重新考慮。」

他總是賭在生命上，不顧勝算，就像那趟求救之路。他太多次瀕臨死亡，真的比大多數人重視生命多了。

他當上心臟科醫師不是巧合，況且是小兒心臟科醫師，因為他知道小孩未來的人生比老人長得多。當小孩的父母說：「卡尼薩醫師來了。」他們知道這就表示**有希望了**。因為我爸對生命成癮。

老爸不擔心社會傳統，經常忘記病人的名字。他知道病人是誰，他們人生的細節……更別說能記住病歷中最小的細節，但他老是記不住別人的名字。我總覺得很尷尬，但他和病人似乎都不在意。他們都在不同的頻道上，名字這種小事無關緊要。他們專注在重要的事情上。

父親的人生沒有在墨守成規的。他在義大利醫院二樓的辦公室，有時候看起來像生日派對場地。總是有騷動——歡笑，哭泣，喊叫。唯一的差別是裡面充滿了輪椅兒童。大多數人最驚訝的是像狗叫的聲音。不久人們發現那不是狗，而是我爸作超音波時想讓小孩分心。他也很擅長不張嘴發出聲音，好像腹語師。小孩很驚訝醫師辦公室裡有狗，忘了踢腿尖叫。老爸轉回去超音波機，當小孩又開始蠕動，狗叫又回來了。老爸指著螢幕上小孩的心臟，指出他的心臟如何發出呼呼聲。孩子很入迷。當他又開始蠕動，狗又嗚咽著吸引他的注意力。老爸告訴他狗的名字叫蝴蝶結，因為他胸口有片白毛看起來像領結。下次這孩子來辦公室，第一件事就是問老爸蝴蝶結在哪裡。「在那兒。」他指著超音波掃描室說。

義大利醫院二樓就像個獨立的宇宙，有行星、恆星和衛星。從那個太空產生出長征留給父親的另一個痕跡：面對逆境時，他總是大步前進。我爸明知可能喪命，仍踏上那段路程。但他總是說寧可失敗而死。面對恐懼時，他更加勇敢。他也不擔心其他事情。那就像他十九歲時學到的人生公式。

高山留給他的另一個烙印是他的和諧欲望。他在混亂中生存了好久，希望生活中有秩序。我也是同樣的情況：我有股衝動想確保一切東西都在定位。我回想起來，老爸一直都是這樣。我做事很具體實際，但他診治病患則注重比喻象徵。

他懂得怎麼為病患創造安心的環境。他在許多方面或許很粗魯，但當要營造安詳的氣氛，他又做得像外科醫師一樣細膩。

整體看起來，他的經歷對他有正面幫助。安地斯山上的苦難之後，有些人會不斷擔心未來那些意料之外的驚恐。但對我爸而言，正好相反。我不知道他怎麼辦到的，但他說服自己積極永遠比消極好。他是最糟情境中少見的特例。但他利用這一點，拓展美德圈去包含別人。他討厭放棄。他不會挑戰命運，但也不害怕。

他受了好多苦。我納悶，**他為什麼沒死？他必須吃那麼多苦的理由又是什麼？**我想他已經回答了這個問題：他邀請你跟他一起掌握機會。他邀請你相信，忘掉機率可能性，想像一個充滿不該存活之人的世界——當然，他是那個最重要的例子。

第46章

瑪塔，患者提亞戈的母親

我們的家庭小康。二〇〇一年十一月十八日，我們的兒子提亞戈出生。他離開醫院時沒事，但是五天之後，因為心臟有問題而被迫送回去。後來他們發現他天生只有一顆腎臟。他一天天惡化。沒人跟我溝通過任何事，但我看得出他越來越糟糕。他們關注在他的腎臟而非心臟，即使我完全不懂醫學，也認為不合理，因為是心臟讓提亞戈退化的。然後，十二月四日晚上六點，醫師把我們夫婦叫進一間會議室跟我們說：「你們最好接受現實，令郎已經沒法可救。沒希望了。」那是我生平最糟的一天。人生跌到谷底。我叫我先生給我幾分鐘獨處。同時，我很少見到在加護病房裡的兒子。大約每三小時只有幾分鐘。我到附設教堂去禱告，求上帝救我兒子。因為感覺醫學界好像沒有人可以幫我。

那晚我直到十一點五十分才離開教堂，心碎無比。我沉重地走進兒童ＩＣＵ的家長專用小休息室。我孤單一人。然後我聽到腳步聲與ＩＣＵ呼叫羅貝托．卡尼薩醫師。至今我仍記憶鮮明，就像那天一樣令我情緒激動。

我的心臟感覺好像要從胸口跳出來了，因為我瞬間發現這將是我兒子的救星——是我剛在教堂裡向上帝討的幫手。我猜想，**他會有時間幫我嗎？**現在我知道他是我所認識最平易近人又有愛心的人。但在當時，羅貝托．卡尼薩似乎高不可攀：是安地斯山的傳奇。況且，我丈夫哈辛托在機場當行李搬運工，說他經常看到卡尼薩醫師，總是行色匆匆，像出任務的人，要做重要的大事。但這一切都無法在十二月四日那晚阻止我。

我站在走廊上，擋住出口。二十七分鐘後，卡尼薩醫師跟另兩位醫師在談話中出現。我提心吊膽，配合他的步伐以免耽誤他。

「醫生，可否占用您一分鐘寶貴的時間？」我勉強壓抑著情緒說。這話似乎打動了他。他不敢相信我只求他撥出一分鐘「寶貴的」時間。

「當然，我有一分鐘。妳需要多久都行。」他回答。

「您可以救我兒子嗎？」我問。

「令郎是提亞戈？」

「對。您有辦法救他嗎？」

「當然有。怎麼會沒有？」他驚訝地回答。

「因為其他醫生跟我說沒希望了，已經沒辦法救他，我兒子會死……」

「等一下。」他毫不遲疑地說。

他轉身走回加護病房。隔著玻璃，我看到他在看提亞戈的病歷。他打了通電話，然後又打了幾通，跟不同的人講了很久的電話。他走出來握著我雙手，我手裡有一對我也信奉的畢奧神父[11]的小徽章。

「我希望妳盡量放鬆。明天應該會有消息。如果沒有，就來義大利醫院的嬰兒心臟科研究中心找我。我會在那裡。」他摸摸其中一個徽章，又說：「永遠不要失去信仰。」

隔天，我接到醫院的電話。三位醫師——腎臟科醫師、心臟科醫師和小兒科專家——打來告訴我他們打算當天下午給提亞戈動手術。我問要在哪裡開刀，他們說在另一家醫院。我說：「不好，我希望他在卡尼薩醫師的團隊所在的嬰兒心臟科研究中心動手術。」其中一人問為什麼，我回答：「這是信仰問題。」因為我知道是上帝和聖畢奧出手，在世上沒別人能救我垂死孩子的時候讓卡尼薩醫師遇到我。

那天，十二月五日晚上八點，提亞戈在嬰兒心臟科研究中心動手術。感謝上帝，至今他還活著。他的腎臟檢查結果一切正常。現在他已經十二歲，體重一百一十磅。

除了接受卡尼薩醫師例行檢查之外，提亞戈再也不必踏進醫院了。

「你知道嗎，妳對令郎病情的判斷是對的，」有一次他跟我說：「妳沒用醫學名詞，但是妳懂。」

提亞戈的導管很堅固，那是嬰兒在子宮裡從母親獲得含氧血液的方式。一出生通常就會閉鎖，但要是沒有，像提亞戈的例子，嬰兒就會有肺水腫。提亞戈接受太多想要補救的利尿劑，反而變成脫水。他需要的是動手術關閉導管。他出生後沒有吃奶，因為他沒力氣吸吮。他會吸一點點就睡著，必須用管子餵食。

有一天，提亞戈在義大利醫院作超音波。「每晚睡覺前，我會禱告，」我告訴卡尼薩醫師：「我感謝上帝在十二月那一晚讓你在最後一刻遇到我。每天我都祈求上帝保佑你

11 譯註：畢奧神父（Saint Pio of Pietrelcina，1887-1968），義大利籍天主教方濟嘉布遣會神父，過世後受封聖徒。

全家——也祝福你。」

提亞戈滿兩歲時，卡尼薩醫師夫婦光臨在我們家的慶生派對。

「蘿莉，真榮幸你們能來我們家慶祝提亞戈的生日。老實說，我以為你們不會來。」我說。

蘿莉似乎很驚訝。「我們幹嘛不來？」

「呃，路程很遠，還要經過無名泥土路……」

「你忘了救羅貝托一命的牧人家裡比你們還簡陋？你以為他在哪裡感覺最自在？」

我沒說出來，但這是真的：我做菜時有想到他，因為我有預感他會來。

幾年過去了。二〇一〇年，我姪女生了個女兒，但她不滿一歲時，發生重病被緊急送醫。我帶著聖畢奧徽章跑到她床邊。「我帶了聖畢奧來，你可以求他保護你。」我告訴姪女。

但孩子日漸惡化。我晚上回家泡馬黛茶想要放鬆時，接到姪女的緊急電話。「喔，瑪塔，醫生說黛菲娜沒希望了……但妳知道現在誰在我身邊嗎？卡尼薩醫師！」歷史重演了。不同的醫院，不同的病，但是同樣的情況。

「等等，卡尼薩醫師在哪裡？」我問。

「他就在這兒，走過我旁邊。」

「跟著他！跟著他走不要耽擱他，把電話拿給他！」

她照做，追上他把電話交給他，我還在線上。

「卡尼薩醫師，我是瑪塔，提亞戈的媽媽。」我說。

「喔，提亞戈還好嗎？」他冷靜地問。

「喔，他很好，沒事。但我也是黛菲娜的姨婆，聽說她的狀況沒救了。您有什麼辦法救她嗎？剛把電話給你的是我姪女，孩子的媽。」

「我跟她談談。我們晚點再聊。」他說。

他看過孩子，回電給我說：「妳放輕鬆。她的心臟沒問題。他們諮詢我是因為她體液太多了，但問題出在肺臟。很嚴重，但不到絕望。兩天後打給我；我會回去看看她。」我兩天後回電，他告訴我黛菲娜快要出院回家了。她一歲學會走路，現在三歲了，講話很流利。

我想卡尼薩醫師會這樣是因為他經歷過的一切，那可怕的人生教訓。但無法解釋為何他太太和子女希拉里歐、拉拉和提諾也一樣，慈愛又謙遜。我想他一開始就是這樣，安地斯山只是強化了他的個性。

我把他當成好友。我會在他生日一月十七日、聖誕夜和除夕都打電話給他。也在他父親忌日七月十九日、他母親忌日八月十四日和國定心臟科醫師節打給他。

今年，我打去祝他節日快樂時，他人在屋頂上。我聽到響亮敲打聲。「那邊是怎麼回事？你還好吧？」「屋頂漏水，我在敲屋瓦板啦。」他說。

卡尼薩醫師的精神永遠在我們家裡，因為當我看著兒子，我永遠也忘不了他為我們做的一切。我在家裡展示的重要照片之一就是提亞戈的一歲生日。他還太小不能俯身吹熄蠟燭。所以卡尼薩醫師從蛋糕上拔起蠟燭湊到提亞戈嘴邊。那張照片捕捉到那一刻，象徵著他對我們家的意義：卡尼薩醫師伸出他的手，把光明帶給了我們的兒子。

第47章

二〇〇七年五月，英國的皇家外科醫學院舉辦了稱作「危險生意」的活動，邀請事故專家和從事危險工作的人發表他們的經驗。有人參加過「庫斯克號」核潛艦的救援工作。有登山家在聖母峰上救過兩個人。也有消防員從燃燒的大樓中救過幾個人。有救援者在太平洋的油井上救過一群鑽油工人。也有神經外科醫師專門照顧一級方程式賽車手。還有急診名醫。以及小兒心臟科醫師亞倫．高曼（主辦人之一）和太空人。還有我。

聽太空人演講時，我感覺我們都有類似經驗。他說當他離開大氣層回頭看宛如廣大黑色真空中一顆藍色彈珠的地球，發現幾乎無法回到地面上的傳統生活。最主要的，他不懂不同國家和文化之間任意劃分的區域戰線——就像我無法理解為何分散各地的小孩無法得到同等的醫療照顧。

活動前後，我們花了很多時間聊天。他講話就像走了很遠的人，太遠了，遠到廣大的太空中，而我則像太深入了解人類苦難的人。他從高處看過這個世界，我則是從低處。

超出我們已知世界的旅程留下了深深影響我們的痕跡。

大腦損傷，尤其黑質（substantia nigra）部位，會造成特定的失憶。人可能看著一樣東西，覺得很熟悉，但不知道是幹什麼用的。但是靈魂的損傷，會造成完全不同的心理傷害。

墜機後照顧我們的心理學家和精神醫師承認我們對他們是全新案例。他們從未看過有我們這種特殊創傷的病人。他們甚至不知道怎麼分類我們。

當我遇到熬過異常創傷的人會很有同理心，因為我知道他們面對的是什麼。不是肉體甚至心理的損傷。而是靈魂的傷害。更糟的是，通常沒人可責怪，沒有上膛扣扳機的人。

山上有些時刻留下了無法抹滅的痕跡，留下烙印的記憶，在我靈魂留下了指紋。寂寞，被拋棄感。絕望的孤立感——與逃離的欲望——都對我留下了深刻影響。

在淚之谷，只有岩石和冰雪，我們的機身就埋在裡面。我花費太多焦急的日子尋找生命跡象：岩石上的苔蘚，我們行李中被遺忘的食物，蒼蠅，山區鳥類，飛機來救我們的跡象，甚至我們可能用來修理無線電與外界生命溝通的電線會不會也是某種生物。我們的下山之路就是搜尋的終極形式。

但高山也讓我充滿同理心。我們為何被遺忘了這麼久？現在，我想，**我能怎樣確保我一路遇到的那些悲劇受害者在自己的道路上不被遺忘、拋棄？**

我也有強烈意願去認識「角色」以外的個人。現在我知道每個人都戴著面具，他真正的自我藏在面具後，蟄伏，等待。我在山上期間，發現朋友們的面具後有不同的人，我自己也戴著面具。我們真實的自我被揭露。有時候真實的自我深埋在靈魂裡面，我覺得有責任找到它。我們在山上的每個人，去世與倖存的人身上，都有良善的光芒。慷慨、誠實、悲憫與公正的人。勇敢的靈魂。

我奮鬥的另一個跡象是強化的戰鬥到底本能。我相信我們會在最後一刻，無法再撐一天時獲救。就像在墜機中，因為飛機滑下山我們才千鈞一髮沒死。就像我在雪崩時以幾秒之差倖存。還有我們出發的那天，十二月十二日，我們在最後一刻發現過夜的那塊突出岩石；九天後，南多還有一點體力，但我一步也走不動了。

現在我承認我有建造個人空間，創造一個家的深度欲望。在山上無盡的時間裡，我們的家是由扭曲機身改造，後來則是自製睡袋保護我們抵抗威脅性命的天氣。缺乏住所留下了深刻長久的痕跡，就像麥提尼斯鎮那個山中綠洲農場，對我感覺永遠像天堂。家的安全感在我體內迴盪。當我看到無家可歸的人，立刻感受到他們的焦慮，立刻浮現幫他們找到自身庇護所的欲望。

意外就是這麼回事。無法預見。我從不想要干涉別人的事，只是當我遇到有困難的人，我忍不住想幫忙。不，我沒創立基金會幫助毒蟲或飢餓兒童。我永遠不會自比為偉大慈善家；我只是個普通人。

不過，我發現了自己的特性：我就是無法忽視被我遇到的問題。我遭遇過兒童、遊民和其他各種問題的人，總是想要幫助人——即使成敗參半。同樣地，有人上門求助時，他也會走進未知。我看到的不是老年遊民、病人、毒蟲或左心發育不全的嬰兒。反而，亟需幫助的人……是我。是十九歲的我，在嚴寒中無法再多撐一夜的那天，我站在懸崖邊緣，懇求有人幫我抵達麥提尼斯鎮——找到救贖。如果我轉過身子，如果我不提供一盤食物，或外套，諸如此類，就等於否定了我們瀕臨崩潰時，塞吉歐．卡塔蘭丟過聖荷西河的麵包，或牧民阿曼多．瑟達和安立奎．岡薩雷茲從自己餐桌上分給我的那碗燉豆子。我不是背叛了別人，而是背叛了自己。

當一個母親表情疲倦眼神痛苦地來到辦公室求我救她的小孩，我不能拒絕她。當別人來向我求助，就像二〇一〇年那個老太太，跟我說我是救她毒癮孫子的唯一希望，我不只是另一個資源：我是山上的牧人。從那一刻起，我們都堅決地互相承諾。

你可能會懷疑，對，我可以承認，這有時對我家庭造成連帶傷害。在某方面，我的家人無意中成了我在安地斯山所受創傷的人質。因為他們桌上有食物，頭上有屋頂，他們得救了，所以我覺得好像必須把注意力轉到從聖荷西河對岸向我揮手的那個孤單漫遊者。

當初在山上，當我們有人準備放棄並喪失希望，其他人有責任盡力讓他們撐下去。我們不會丟下任何人。我們會努力治療他們的身心，竭盡所能紓解他們的飢餓與痛苦，還有最重要的，給他們希望。

我為了各種理由，在自己家裡收容過各式各樣的人。我無法拒絕任何遇到我又需要幫忙的人。我太清楚一無所有的痛苦——沒食物，沒衣服，沒居所，連適當的葬身之地也沒有。

我為何開放我家或家族在拉瓦耶哈山腳下潘德阿蘇卡的四十英畝農場（我稱作蘇斯皮洛或「嘆息農場」）給需要幫助的陌生人？不是出於慈善、慷慨甚至仁慈。而是出於同情，能設身處地的同理心。知道一個人轉瞬間就能從喜悅變成悲劇。

當我們在山上差點凍死，唉，我們有多麼幻想著獲救啊。唉，我們多麼夢想一頓熱食而非冰凍的人肉啊……如今我沒被冰雪、屍體和山區稀薄空氣包圍，有了舒適的家和一座有果樹與鐵皮屋頂住家的開闊牧場，卻常常沒人住。我怎能不幫助別人？

有時候我作夢重回安地斯山。我夢到有人丟繩索給我讓我用來爬出那個困境。如今我在懸崖的另一邊，我可以出手幫助那個十九歲的孩子。困難的孩子有很多個名字：艾瓦洛、湯瑪斯、奧古斯丁、聖地牙哥、瑪麗亞・戴・蘿莎里歐、裘裘、提亞戈……我發現我可以與他們故事的某些方面密切相關。

艾瓦洛離開我家去工作與生活已經十年了。我剛認識他的時候，他沒工作，而我有很多工作給他做。他很有活力，從不疲倦。他很聰明，什麼東西都能修。我一認識他就暗想，**天啊，我們在安地斯山上就需要他這種人！**或許他能修好我們在機尾段發現的無線電。我無法想像在安地斯山上臨時自製吊床、隔板、拐杖和雪橇，修理無線電與外界聯絡，有誰會比他更俐落。

我確定的一點是當他讓某個被遺忘、故障的機器起死回生，艾瓦洛和我會驕傲地互看一眼，我們從墳墓救回了某種東西。他從毀壞的零件讓東西再度有用。曾經被遺忘的金屬變成可以改變某人生活的機器、汽車——就像山上一群不幸的人被直升機拯救。

偶爾在週末時，艾瓦洛會邀城裡貧窮社區的小孩進行不凡之旅。他們一起探訪鄉下的蘇斯皮洛農場，那裡有幾個吸毒問題的人在我指引下復健。我通常會陪他們。那是奇觀，從未看過鄉下或牲畜的十幾個孩子，和成人並肩而坐。艾瓦洛是他們的主人，病患們做飯、娛樂孩子們——運用成為人生教訓的技巧：不求回報的付出。我喜歡悄悄離開團體，坐在翁布樹的大樹蔭下從遠處觀察。

有時候他們低語；有時候他們放聲大笑。混雜的團體與意想不到的場景，每個人都有自己的沉重包袱：貧賤家庭中苦於貧窮的小孩和尋找救贖之路的毒蟲。當我看著他們，我不禁覺得這個人人尋找第二次機會的分歧團體正在重演機身殘骸裡的生活，那是播下我第二人生的種子之地。

第48章

蘿拉，患者聖地牙哥和尼可拉斯的母親

我懷孕六週時，被告知我懷了雙胞胎。我三十二歲會初次當媽媽，而且會有兩個男孩。第五個月作超音波時，他們說其中一個有點問題，但又無法說得具體明白。三十一週時，二〇一三年二月二十六日，我預定要作超音波了解異常詳情的前一天，羊水破了。我必須剖腹生產。他們進行超音波時，我們命名為聖地牙哥和尼可拉斯的孩子們還在保溫箱裡。他們告訴我們夫婦，聖地牙哥的心臟疾病複雜到史無前例。他們向我們說明所有心臟疾病都以發現者、診斷者或治癒者命名。但聖地牙哥的狀況費解到沒有名稱，因為從來沒人見過。更糟的是，沒有醫師認為聖地牙哥這種狀況的人能存活。他們很震驚他居然沒死，不過他們斷言他不會活很久。我嚇壞了。我問他們的意思是指幾天或幾週或幾個月。「幾小時，」他們說：「或許幾分鐘。」他的案例已經這麼複雜，早產

更是雪上加霜。我和先生最好準備迎接夭折，他們說。那是二月發生的事。我寫這篇文章時，已經九月了，聖地牙哥還活著。他拒絕放棄：他顯然不想離開我，因為他不斷呼吸與成長。

那晚他們告訴我們聖地牙哥活不到隔天早上，老公和我哭乾了眼淚——喜悅、懷疑、強烈不公平感的眼淚。但我們那晚說好了：我們絕不在小孩面前哭，因為想到他在掙扎求生時我們卻在哭很丟臉。萬一他死了，事後會有很多時間哭。

看聖地牙哥沒死，醫師們調整他們的診斷，但仍強調他的心臟狀況複雜到前所未見。猝死風險仍然很高，不過現在，他們不再說能活幾分鐘幾小時，而是改成幾天了。所有來看聖地牙哥的醫師有個共通點——就是無比驚訝；直到我認識卡尼薩醫師。他們走進病房，無論他們多麼努力，都無法掩飾他們很驚訝他還活著。他們說，最神奇的一點是他沒用任何維生系統卻還活著。他們不知道該怎麼處理這個新狀況。

看到我在兒子住的加護病房走廊上踱步的苦惱樣，有個母親過來說我應該去找羅貝托．卡尼薩醫師。「這個病例適合他。」她毫不猶豫地說。我們見到羅貝托時，他仔細地分析資料。「這絕對是複合心臟疾病，但不是沒有名稱或前所未見的東西，」最後他說：「其實，有三個醫師的名字。這是很複雜的病例，因為有三種通常出現在不同種類心臟疾病的異常。但是在這裡，三者齊聚在一個小孩身上。」首先，從肺臟把含氧血液送入的血管連接到心臟的錯誤位置，右心房。第二，聖地牙哥沒有兩個導入心臟的瓣膜，只有一個。而且他從右心室有兩個出口瓣膜。最後，兩心室之間的通道太小，肺動脈也太窄，減緩了從心臟流到肺臟的血流。但是有趣的部分是，就像卡尼薩醫師解釋的（我注意到他沒說「神奇」或「可怕」，就只是說「有趣」），這三種狀況加起來讓血液抵達腦部、肝臟和其他器官，而沒有任何一處發生嚴重缺氧或低血壓。外表看來，看不出這種小孩有複雜的心臟疾病。「所有心臟疾病都不同，這只是另外一種，」他告訴我們：「我們有手術方法可用。你們不必喪氣。」

我們對羅貝托的第一印象是他的單純。他那些幫助我們診治聖地牙哥病情的醫生朋友也都具備相同特質。羅貝托組了個醫師委員會，到蒙得維地亞的佩瑞拉．羅素醫院來看聖地牙哥的病，後來把他的病例帶到二〇一三年六月在美國明尼蘇達州明尼亞波里斯舉行的國際心臟科大會。

認識羅貝托讓我打開心防，而我也認為聖地牙哥也一樣。我從來沒見過這麼關心小孩、奉獻這麼多的人。我看過他怎麼對待其他小孩，但當他跟我們相處，對待聖地牙哥彷彿是他唯一的病人。我確信在我們前後給他看過的家庭也有同樣的感受。

未來對我們是個謎。但是眼前，我們就等著聖地牙哥增重，直到可以動手術。因為他絕對必須動手術。他長得越大，撐過第一次手術的機會也越大。

在二月到九月這麼短的時間裡，我學到了比我一輩子還多的東西。我學到了每個孩子都有他與眾不同，甚至跟父母不同的特殊力量和內在特質，羅貝托喜歡這麼說。雖然很多事要靠聖地牙哥，看他的生存意志，我知道很多事也靠我們這些幫他的人。我抱起他時從他抱我手臂的方式感覺得到，好像他很不想要我放下他。

同時，聖地牙哥有其他心臟疾病嬰兒罕見的條件：雙胞胎兄弟。尼可拉斯是聖地牙哥的鏡子。聖地牙哥花很多時間看著他弟弟，想跟他交談，看著他的一舉一動想要模仿。看得出來這帶給他很大的樂趣，因為他們一直不斷分享肢體語言，一起發笑。

我也學到了自己的事。我是不能病急亂投醫的焦急母親。起先，我不懂人生為何丟給我們兩個小孩卻又要奪走一個。但是當我看著聖地牙哥對尼可拉斯的反應，我想我懂人生為何把我放在這個交叉路口：聖地牙哥無法自己做到，但有了弟弟幫助或許能夠撐下去。

自從我去義大利醫院的辦公室找羅貝托，我學會了希望。我先生說那是黑暗中的光明。我看到從未注意過的事，體驗到我從不知道存在的感受。我和兒子的情感連結一分一秒越來越強。有時候，我完全忘了他有心臟疾病。

羅貝托說他翻越安地斯山的時候也有同樣的不確定感和希望。當他走到路途盡頭，地平線上有對雙子峰等著他。

如同他在遠征中所做的，我們必須對聖地牙哥按部就班。我不能允許自己想到可怕的距離。我不能預想未來五年。甚至一年。我必須改以每個月、每週、每天為單位，因為小孩能以你意想不到的方式成長到讓你驚訝。每個小孩都能在自己的道路上發光。

我記得有一次問過羅貝托，他認為以我們的狀況有多大希望。他毫不猶豫地告訴我們，我們正走過一道危險的峽谷，在狹窄的平台上躡腳前進。但如果我們不往下看，保持前進，不要失去平衡，專注在前方的路上，我們或許就能過關。我們必須一步一步慢慢來。感覺就是這樣，彷彿我們五人，聖地牙哥、尼可拉斯、外子、家母和我，都在躡腳走過峽谷邊緣。（我必須辭職照顧聖地牙哥，而一路陪伴我的丈夫必須加倍努力工作。）道路窄到我們只能直排前進，一個一個走。但是，我們同心協力。

有些心臟疾病的孩子不會有好結局。但其他人仍走在路上。聖地牙哥或許無法完全治癒，但只要我們有保持前進的空間，我們會勇敢地抱著希望走下去。

我知道保持方向正確、保持前進對我也很重要，因為依靠我的不只一個人；我有兩個。如果聖地牙哥不幸離開我們，我不能停下來休息。我必須繼續走。我沒有放棄的餘地。羅貝托告訴我雖然他們只有兩個人翻山越嶺，他們是為了整群人而走——不分生者和亡者。如果聖地牙哥熬不過去，我必須為了尼可拉斯繼續走。他也會為了他們倆走下去。

第49章

有時候我覺得我們在安地斯山上經歷的劇變，好像也反映了人類早期的演變史。我們當時就像地球上第一批人類，前無古人，沒有祖先或歷史。所以我們必須隨機應變，自己開路、發明。

失去所有聯繫，暴露在自然環境中，人們會尋求建立組織和互相保護，以求生存。我們克服焦慮之後，就是工作的時候了。我們必須在荒野中設法避開周遭所有危險，如刺骨的冰冷、缺糧、暴風雪和雪崩，同時照顧年輕人及治療傷者。然後，一旦所有希望落空，就是像遊牧民族轉移陣地的時候。我們變成探索者，一點一滴學習這個環境還有什麼其他危險等著我們——因為總是會有危險，而我們總是努力克服它。我們絕不放棄——否則後果就是我們這物種的滅絕。

我以同樣方式看待我的人生。現在我的病患不同了。他們不叫瑪麗亞・戴・蘿莎里歐、裘裘、提亞戈、湯瑪斯或奧古斯丁。現在他們的名字叫皮里、聖地牙哥和安格里斯，這些下一代的病歷讓我熬夜，超音波結果讓我必須請教世界各地的醫師，因為我認為所有小孩都該得到現有最好的醫護。

一九九八年，我與荷西．諾札教授及碧翠絲．切魯提醫師帶領的團隊合作，透過加拿大獲得心臟超音波術先驅傑夫．史莫宏醫師的妻子羅莉．史莫宏醫師協助，在蒙得維地亞的義大利醫院進行了第一次新生兒心臟移植。後來做了第二次，第三次，一路延續，直到這個療程變成慣例。

對我來說，器官移植跟我們在山上的經歷緊密相連，緊密到生還者們創立了生存者基金會（The Alive Foundation），目標是宣導器官捐贈的好處。史上第一批移植手術大約發生在我困在安地斯山上那時。只要我做得到，即使扮演配角，我都盡力幫忙移植。無論白天夜晚，我一聽說哪裡發生意外會有潛在捐贈者，便帶著攜帶式超音波機跳上車趕往醫院，捐贈者會在醫院接受心臟掃描看它在新身體裡能否繼續跳動。從某個角度，我是繼續在做我從安地斯山上學到的事：努力確保已停止跳動的心臟能以某種形式延續。一切都會不同；你不能單純用一命換一命。但如同我們在山上常說的，那是慷慨的死法。

這個主題不斷重複著。幾年前，佛羅里達州聖彼得堡兒童醫院的嬰兒心臟外科名醫，傑佛瑞·傑可斯醫師，邀我參加美國先天心臟外科醫師協會與歐洲先天心臟外科醫師協會在芝加哥德雷克飯店舉辦的第三屆聯合大會。除了我還有另外兩位醫師要演講。一位是安東妮拉·拉斯泰里醫師，她父親吉安卡洛·拉斯泰里發現了房室管缺損，是唐氏症小孩最常見的心臟疾病之一。另一位是雷納德·貝里醫師，第一個把猴子心臟成功移植到人類新生兒的人。我則演講我在山上實行的醫術。

有時我想我了解心臟疾病兒童是因為我懂他們的感受。半數心臟疾病會發紺，意思是他們血液中得不到足夠氧氣。另一半則是肺臟裡的血太多，令他們呼吸困難。我們在山上兼具兩個問題：肺水腫和低血氧。

我受吉爾·維諾夫斯基和梅莉·柯恩醫師之邀，在佛州奧蘭多由費城兒童醫院主辦的研討會上提出相同的論點。為了追蹤接受心臟移植的病患進展，必須測量心臟收縮的力量以及這股力量隨著時間的強弱變化。心臟在其天生的身體內和移植到別的身體後不能相提並論。大自然總是會顯示其中差異。你不能比較獨立的照片，而是要當作同一部電影裡的靜止畫面來看。

說到健康，你從何處來又要去哪裡都不重要，當下狀態才重要。一如在安地斯山上，我設定短程目標然後達成。我不去想結局。當你遇到有心臟疾病的小孩，無計可施時，人們會說他比起健康或「正常」小孩前途不妙。病患母親可能會問我：「我該怎麼辦？」我會回答：「帶他去游泳池，讓他游來游去享受生命，因為他不知道自己的極限；而這對他很正常。」你可以一直成長茁壯；其餘的都只是幻覺。不要把自己跟別人比。你必須根據被移植病患當下的狀況作評估，而非比較如果他不需要移植可能會怎樣。反而是要，設定短程目標然後達成。有些人認為這些社會成員比較弱小，其實，他們才是真正示範怎麼生存的人。他們或許只有半顆心，但他們對生命有兩倍的活力和熱忱。

第50章

瑪麗亞．戴．蘿莎里歐的父母

阿茲森娜，她的母親

再過幾天，瑪麗亞．戴．蘿莎里歐就滿九歲了。她在新學校進入第二年，成績很不錯。她有玩運動，像是陸上曲棍球、體操、游泳、舞蹈，還有摔角——當她跟兩個兄弟爭吵時。

瑪麗亞．戴．蘿莎里歐過著完全正常的生活，我們正希望她這樣。但我們無法否認我們的人生從她出生那天就不一樣了。瑪麗亞．戴．蘿莎里歐有難以形容的強悍精神。她比許多大人懂得什麼事重要，什麼又無關緊要，這讓她有時難以遵循某些常規，但都無損她身為小孩的機靈與頑皮。

我有時忍不住想起過去。最近，我整理出她人生最初一年半的六次手術，夾在剪貼簿裡塞進盒子裡的所有照片和文件。回顧起來，各種回憶紛紛浮現。還有我在漫長手術期間的感受。因為女兒基本上一腳踏進鬼門關而造成我自己漂浮在生死之間的感覺。這感覺真是怪異。彷彿生死之間幾乎沒有距離，生死界線比我想像的更模糊。

看待她的未來有兩種方式。一種是完全理性，看統計數字判定我們能期待她帶著這種心臟疾病過哪種生活，這幾乎無法想像。光看統計數字，每次手術都似乎注定失敗。但有另一種看法，不依據統計或類似案例研究的純粹情感觀點。完全根據觀察我女兒生活的方式。當我這麼做，全身充滿怪異的平靜感，無比的安寧，我明白我們已經為她盡力了。或許是因為她很堅強，絕頂聰明。在短暫但充實的人生中，她已經走了很長的路。她父親璜和我只能做到這樣了。父母不會永遠在身邊，但我們給了她工具。我有預感她懂的遠超過她的表現。

有件軼事能夠說明我的感受。我是喜歡控制各種變數的人，我的經濟學家工作就是如此。我們從波士頓回來後，我做出瑪麗亞．戴．蘿莎里歐必須吃的無數藥物檢查表，複製了三份，交給我媽和兩個姊妹。「萬一我有三長兩短，這是你們必須給瑪麗亞．戴．蘿莎里歐吃的藥。」我告訴她們。聽起來很荒謬，因為我年輕又健康，但我覺得關於瑪麗亞．戴．蘿莎里歐的案例資訊重要到不能只有我知道。如今，九年後，她們還留著檢查表，但唯一不必看就知道怎麼做的人是瑪麗亞．戴．蘿莎里歐自己。

她對自己的變化很敏銳。她了解自己的毛病，經歷過什麼才治好，必須做什麼才能保持健康。讓我相信她準備好接掌自己的人生了。她一定會成功。她也會很幸福——因為她已經幸福了。

昨天我問她是否想出現在這本羅貝托的書裡，她回答：「他救了我的命，我怎麼可能不願意……？很辛苦，但是我活下來了。」

璜，她的父親

在瑪麗亞．戴．蘿莎里歐又發生併發症的某一天，我感覺像自己心臟破了個洞，向羅貝托．卡尼薩求助。「記住，璜，」他告訴我：「不久之前，我們談的只是子宮裡的胎兒。現在，瑪麗亞．戴．蘿莎里歐都長這麼大了。」

隨著她成長與改變，關於她未來的疑問也是我們必須回答的疑問。因此我們帶她去找心理學家幫她解決這些問題。瑪麗亞．戴．蘿莎里歐說：「我喜歡去是因為我能在她面前表現自己的情緒。」

當我回想過去九年，想起很多關於她哥哥們的事。我們帶她去波士頓時，璜．法蘭西斯柯才六歲，荷西．馬利亞也才四歲。他們太小不能離開母親六個月。同時，家裡總是有醫師、救護車、氧氣筒和機器進進出出。還有想要幫忙、留下禱告卡片或現金袋等東西的人群來來去去。我常尋找孩子們因此受創傷的跡象，但我真的找不到。

大約兩年前，荷西．馬利亞十一歲，我們坐在沙發上，他拿著生物課筆記本，開始問我關於心臟的問題，這是他在學校的課程。於是我說：「你要我告訴你瑪麗亞．戴．蘿莎里歐到底怎麼了嗎？」我拿出比較進階的生物學書籍解釋所有細節。他眨都不眨眼盯著書本——然後哭了起來。哭得很慢，像是釋放焦慮。這就是我們家的方式，用事實對抗恐懼。永遠說實話。當然，有些人，包括我們的近親，不懂我們的方法。

第三次療程前不久，我們跟羅貝托約診，隔天他到家裡來看我們。璜．法蘭西斯柯馬上猜到了羅貝托出現代表什麼（意思是我們又要去波士頓了）。「爸爸，如果你們又要走，這次換成我會死掉了。」他跟我說。

從那時起，我就留在蒙得維地亞陪兒子們。日積月累，我發現了幾件事。雖然我希望現實有所不同，我覺得這一切讓我們全家更堅強了。它教我們感激我們擁有的愛，感謝生活中的人，欣賞我們可能認為理所當然的一切事物。

在羅貝托的幫助與示範下，我學到的教訓之一是永不放棄，就算要爬行，當你沒力氣多走一步，找到力量繼續走。奮戰到最後，使出你的每一分力量。

很長一段時間，瑪麗亞未來的不確定性令我萬分糾結。直到有一天我去了羅貝托．卡尼薩的家。他告訴我：「璜，別擔心了；你萬分糾結，懷疑她明天是否還需要動手術的階段已經結束。這是個成功的故事。她很久不會再出問題了。」於是我問他：「你的意思是我可以放鬆幾個月了？」「你大可以放鬆幾**年**。」他跟我說。我們一天天算日子過了好久。我們只能看到這麼近的未來。有段時間我們天天秤她的體重，因為如果她不增重一磅，我們就得勉強讓她動手術。但到了早上，羅貝托告訴我：「拓展你的地平線吧。」從那時起，我可以不再痛苦地展望未來。很簡單，那感覺就像打了勝仗，每過一天都是勝利。

打擊隨著時間減弱。回憶變得比較容易忍受。時間磨掉了我們最痛苦的地方。經過這一切，這小女孩一直是我們、家人、關心她遭遇的所有人的英雄。到了大家一看到她就想起她種種經歷的程度。從這個角度看，她就像高山與羅貝托：人們一想起前者就必定想起後者。

她和我在一起時，我會放鬆享受當下。我很高興跟她相處。我不去想明天，只有今天，唯有這一刻，才是真實的。我們到明天再去擔心明天。**幾年後她會變得怎麼樣？十年後呢？**父母親擔心的那些未知，我從不擔心。

多虧了她，我感覺好像看懂了一些比較深入的事。彷彿死神找上她，但是她贏了。她**打敗了**死神。無論往後怎樣，我不在乎。我們已從死神手中偷到了她原本可能沒有的時間。

第51章

裘裘・布爾・貝拉札，護士

義大利醫院的二樓對我是個寶貴的地方，因為那裡從我兩歲起就是人生中私密的一部分。對，我的庇護所是在薩爾托的家和家人，但這間醫院是我的第二個家。現在我成年了，再回到這裡，每個小細節都勾起我的童年與青少女回憶。我彷彿看到貼了很多年的海報，被往日情景淹沒。通常，年輕人會記得參加派對或去朋友家。我則是記得醫院。那些用來檢查我心臟的儀器。還有像羅貝托的助手希爾妲，則一直活在我的記憶中。

每次羅貝托做完我的超音波，我們會到隔壁房間聊天。羅貝托說他在安地斯山上的經驗，就是每當有需要就可以利用的工具箱。不是纖細的實驗室鑷子、試管或量杯。而是機械工或鐵匠的重型工具，如鉗子和槌子，扳手和鐵砧之類。在山上用不到任何精緻的東西，他說，只需要堅固耐用的。他就是這樣的人。

從我是小女孩以來，他就跟我很清楚地談我的心臟狀況，從不說它是問題。這給我一種奇妙的安全感，因為我總是想像他帶著工具箱，隨時準備來救我。他說我的心臟狀況不是殘疾，只是一連串必須依序克服的人生障礙。最近一次障礙是他換掉兩個心臟瓣膜，讓我能過比較正常的生活。之後，我應該可以像其他年輕女性一樣過活。但如同羅貝托說的，我不像其他年輕女性，因為我必須攀登危險的懸崖和挑戰冰雪峽谷，就像羅貝托十九歲時那樣。

有一次，他向我脫口而出：「呃，看起來妳的心臟瓣膜都壞掉了；我們得開刀替換。」簡單得彷彿談的是壞掉的水管，讓我不禁爆笑而非哭泣。

有時人們問我生此重病怎麼還能保持開朗。但老實說，雖然我二十一歲之前動過幾次大手術，我對這些事沒什麼不好回憶。我想是因為總是有羅貝托支持我，因為我們總是專注在正面的事實上。我逐漸學到，知道真相總是件好事。

我或許有肢體限制，但從來沒有情感或心理障礙。或許也因為這樣我從不嚴苛看待自己的狀況。我從不把它看成是大悲劇。那只是我本質的一部分。如果我當作恐怖或糟糕的事去痛恨它，只會痛恨我自己。最後一次手術之前，羅貝托告訴我：「人生最大的挑戰不是死亡，而是活著。」當然，我知道動手術會有風險。我兩歲或七歲時或許不懂自身狀況的嚴重性，但是如今長大成人，我了解了。

在薩爾托當護理學生時，我愛上了這個職業，因為我喜歡人體和它的運作方式。我就是最佳案例：我曾經殘破，但現在修好了。而且，天啊，多虧護士們幫我！那是我著迷的地方：無論一個人有什麼毛病，你永遠可以嘗試修補。身為護士，我可以幫忙修好那些「壞掉」的瓣膜，幫助他人康復。

我研究人體、人類心臟的奧祕，以及這部機器的完美，感覺也了解了生命。心臟不只是幫你維持運作的器官，也給你溫暖。我喜歡想到有個我能用來幫別人找回溫暖的工具箱，而我可以是工具之一。

以前我討厭讓父母看到我難過。我覺得已經給他們夠多痛苦和煩惱，不該再增加了。但他們告訴我要作最後的手術，除了害怕漫長又複雜的程序，也很緊張，因為我活到那時候累積的一切就賭在這次手術上了。我所經歷的一切都是為了這一天！那時我終於讓自己的感情和情緒顯露出來。手術後，我哭得無法抑制。卡尼薩醫師說他下山後終於看到麥提尼斯鎮的山谷時也有類似的感覺。之前，他隨時保持警覺。他甚至不允許自己生病。但當他看到綠色牧場，所有緊張緊繃都釋放了。（他甚至因為痢疾大病一場。）因為終於釋放了很小心克制的情緒，他差點走不動最後幾步。

以前我會跟家人說：「二〇一一年八月八日之前我不能哭出來，決定我生死的最終手術之後才行。」我沒有這種餘裕，因為如果我開始哭，我的父母、手足和祖父母，每個人都會崩潰痛哭。**是誰在支持誰？**我必須為了大家堅強。

同時，我虧欠兄弟姊妹很多，因為在那些年，他們的需求總是被忽略。當我妹妹想要或需要什麼，如新衣服、牙套、學校遠足的費用，父母總是必須考慮他們能否負擔，因為「裘裘優先」。我的兄弟姊妹從來不吵鬧。裘裘總是優先，因為父母不知道我會活多久。

所以我每天都會問父母手足等家人，我該如何回報他們為我所做的犧牲。他們總是這樣回答：「妳保持健康就是答謝了。」在我二十一年的人生，我試著跟想改善自己的普通女生一樣用努力讀書和工作來回報他們。但我知道我永遠也無法償還他們為我做的一切。

最終手術之前，我去見羅貝托。我心情低落，他問我出什麼事了。我說我不知道但是我感覺很情緒化，哭個不停。我告訴他因為手術過程漫長又危險，我怕在手術中死掉。他只跟我說：「妳不能擔心這個，裘裘。如果妳注定要死，妳就會死。這沒什麼不自然的。相信我。我經歷過。」

「我怕的不是死亡，」我回答：「我是擔心留下來的人。我比較擔心的不是自己的心臟，而是怕父母傷心。我該怎麼安慰他們？又能怎麼幫他們？那才令我擔心……」

他想了一下，回答：「妳說的有理。但是妳別擔心那些了。我希望妳擔心自己。讓我來擔心妳的父母。」

*　*　*

從我上次手術已經過了兩年。我二十三歲，護理學校快畢業了，目前在薩爾托的北區醫院工作。

我喜歡照顧別人，尤其是小孩。我可以選擇照顧成人或產婦，但因為我喜歡挑戰——我猜因為我這輩子就是個挑戰——我選了比較困難的科目。因為小孩是一生中最纖細稚嫩的階段。聽說小孩子很有彈性，他們跌倒會馬上爬起來，彷彿是用橡皮做的，但我學到他們其實挺脆弱的。如果你不小心，最輕微的傷害都可能留下一輩子的疤痕。

護士和病人的關係非常親密。你在困難的時候是握著他們的手，跟醫師握手往往會很不自在。而那對我來說就是一切。沒人比護士更親近病人了。

我的童年很驚險。當同齡的其他人談到童年，似乎是很遙遠的事。他們有零星片段的回憶，而非連貫的情節。我呢，我記得在這間醫院住過很多次，尤其是加護病房。我的童年烙印在腦海裡，是粗糙又真實的記憶。恍如昨日，而不是二十、十九、十或兩年前。我看著這裡的一些兒童病患，意識到自己也曾經是他們的年紀。

每當我接近這些孩子，我可以看著他們的眼睛分辨出他們在想什麼，有何感受，因為我就是那個小孩。他們的眼神在說，**我不想看到任何穿白衣的人。**不要有穿護士服名字繡在上衣口袋上的人。不要有白袍醫師。因為白衣人就表示打針、吊點滴、量血壓、量體溫，代表疼痛、不適又累人。身為病人，我了解他們是在幫我，但我也希望他們了解我多麼厭倦這一切。

所以我花很多時間跟醫院裡的孩子談話，即使他們無法全聽懂。我盡量常常跟他們說——有時候只是個眼神或摸摸頭——我了解他們不舒服、會痛，也很累。

於是，我們作下約定。小孩真的懂，而距離童年不遠的我，往事歷歷在目。我喜歡醫師跟我作約定：「聽著，現在我們得稍微穿刺你的身體，但我保證之後四小時不會來煩你。」**四小時自己的時間！沒有白衣人來煩我！**

我學到了教科書沒講的事，因為我經歷過。我學到了小孩懂得手勢、表情和眼神。我知道誰是來帶給我痛苦或安慰的。所以當我踏入病房，我發現自己兼具兩種立場：走進房間，同時也躺在床上看著護士進來。

我想人生都被護士圍繞的我進入醫護這行不是巧合。你可能以為我經歷這一切後會迴避接觸醫師、護士和醫院的行業，但正好相反。因為我在這個領域發現真正的寶藏。

我想我有時就像羅貝托的學徒。可能因此我總是想要像他一樣進入醫療領域。我小時候被打針，會偷偷留著針筒以便練習我未來的工作。一九九八年，有一次他們拆掉我胸腔裡心律調整器的幾條電線，我把它藏在保管盒裡，等我當上醫師就可以用來幫助我這種疾病的小女生。

當我一滿十八歲，便註冊進醫學院就讀。但我很快發現大家都得走自己的路。一如我的典範很強，我明白我也是——強到可以自己作選擇。

我覺得許多醫師太疏離。他們辨認小病患不是靠名字和笑臉，而是病房和病床號碼。這些醫師很聰明又敬業，但跟病患互動時多保持距離——不像羅貝托對待我這個病患那麼親近。所以我問自己，**當我還是病患時，是誰在我身邊？是羅貝托和護士們。**但因為羅貝托獨一無二，我決定我要當護士。

我開始回想一生中接觸過的每位護士。我記得他們的奉獻，他們的慈愛，他們溫柔關懷的話語。**這是**我的天命。**這是**我的熱情：用護理知識回報不只醫好我，也關心我的眾人。對他們而言，我從來不是「六號床」，不只是一連串病歷上的註記——心臟病的病人。我是裘裘。我媽不是「病患的母親」，而是連續好幾週睡在女兒床邊不舒服的摺疊床上卻從不抱怨的親切女士。天天目睹而且理解的人就是護士。是他們見證了半夜我哼一下家母過來幫我，安撫我，抱我，愛我。當夜班護士進來盡力幫忙，我媽的愛心彷彿也倍增了。等到隔天早上醫師回來巡房，當晚病房裡的三個人：我，我媽和護士則像度過了一輩子。

我知道在某些方面，我想要像卡尼薩醫師。我的童年好像他所說的工具箱。他用逆境來嘗試解決別人的問題，而我謙卑地想用自己的方式這麼做。這是唯一我童年發生的壞事派得上用場的地方。壞事總是會發生，但你不能讓那些事決定你的未來。

因為心臟問題，我每半年必須見羅貝托，但現在我會大步前往。上次約診時我告訴他：「我在做以前我從不允許自己做的事：作長期計畫。」我甚至替我照顧的孩子們擬定長期計畫。

打從有記憶以來，知道有人不分晝夜守護著你是種奇妙的感覺。知道不管什麼時候，只要一通電話，他始終都在。我感覺受到保護。因此，我覺得我也可以保護和照顧醫院那些孩子，讓我們把恩情繼續傳下去。

第52章

二〇一一年八月十三日，我坐在家母臨終的病床邊，俯身低聲說：「可以放手了，媽媽。妳做得夠多了。」

家母從七十二歲開始受妨礙大腦與身體溝通的慢性神經失調所苦。在最後幾年，她的記憶也開始流失。

那天，知道她正在求生意志和死亡意願不斷對抗的過渡狀態，我打起精神——我知道我的意見對她的影響——溫柔地告訴她：「可以放手了，媽媽。妳受苦夠久了。」**妳體驗過真正的喜悅和哀傷。**

我和舍弟康奎及照顧她多年的弟媳維吉妮亞，以及家姊艾德里安娜和么弟璜·法蘭西斯柯，我們都討論過了。我們衡量母親的求生和繼續活著的意志，感覺她在慢慢溜走。我永遠都不知道我們是否作了正確選擇，但顯然母親聽了我的話。她不會再醒來看到日出了。

可以放手了，媽媽。妳做得夠多了。我忍不住在那最後一刻認為我指的是她對我的人生，對她在遠方握著我的手帶領我通過深谷時，那場漫長辛苦的戰鬥意義。**妳成功了，媽媽。妳四十年前就做到了，而且在我人生每一天都做到。**

當母親聽到我的話，我感覺她不只理解我，其實也在等著聽這句話。她散發出和諧的光暈，幽幽睡去。那一夜，我離開她房間時，轉頭去看躺在床上的她最後一眼。隔天早上，是星期天，我開車去醫院時，接到康奎的電話通知我她去世了。我默默哭泣。**妳抵達了，媽媽。人生旅程就是要去妳現在知道的地方。**

我失去了最大的支持者，我的母親。

雪崩之後，我覺得逐漸對死亡有了些了解。無論像我差點在幾噸重的積雪下窒息，還是像媽媽安詳地在床上去世，或是像我爸在二〇〇九年七月，在加護病房拔掉維生系統的管子讓自己離開。

有時候，他去世的回憶會像鬼魅般浮現在我眼前。

家父八十二歲時還健壯如牛。當我們聽說他一側腎臟似乎一夜之間長出腫瘤，還蔓延到接近心臟，占據了下腔靜脈，都非常驚訝。他動了複雜的手術，但在當晚，我估計他能撐過去。我走進ＩＣＵ內心掙扎著該不該陪他過夜，像我在山上時他為我守夜一樣照顧他。最後，我打消念頭。那晚，趁工作人員不注意時，他拔掉了接在他身上的每根管子和電線。等到他們發現他做了什麼，已經太遲。早上我趕到時，發現工作人員在做心肺復甦術，而他已經走了。

我花了無數時間揣想那晚到底發生了什麼事。內心深處，我認為家父跨過了求生和求死之間的模糊地帶。那在雪崩之夜我親身體驗的過渡狀態。或許他無法想像沒有生活品質的苟活，拔掉了維生系統的管子。天曉得，也可能是他迷亂中非自願拔掉的。或許如果真是那樣，而我跟他在一起，我可以阻止他，救他。他似乎還有很多事想做，像是找到他在一九七二年十二月二十二日早上遇到的計程車司機，他一直在找，有時還會夢到對方。

第53章

雖然我最快樂的時刻各自大不相同，但是有個共通點。有時候，我的生命或許有危險。其他時候，我來到人生意料之外的地方。還有些其他時候，又好像沒發生什麼明顯的事。

我最快樂的時刻有何特質？首先，是意料之外的快樂。其次，是內心而非外在的事情。第三，牽涉到別人。

我無法精確定義，但我可以回顧我感受到此等幸福的所有時刻。

直升機載著在機身殘骸裡發愁的十四個難友抵達的那一刻，我感受到了。

看著湯瑪斯大帝跑步時，我感受到了。

看到家母走進聖費南多的醫院病房，眼神在說，**你終於回家了**，那一刻我感受到了。

當面見到第一個相信我們的塞吉歐·卡塔蘭，我感受到了，當晚稍後我們睡覺時牧民守護著我們，我也感受到了。

我在醫院把那塊麥提尼斯鎮的起司交給蘿莉時，我感受到了。緊接著當懷孕的護士帶著幾天後就要離開子宮的新生命走進病房，我也感受到了。她似乎恢復了我們在山上失去的平衡感和秩序。

當我的兒女出生，當希拉里歐把孫子班尼丘放在我懷裡說「謝謝」，我感受到了幸福。

當絕望的母親重拾希望，眼中泛淚，只想要擁抱別人，因為她剛發現她的孩子會活下來，我感受到了。

還有第四個因素，就是我們並不受限於單一個人身分，而是可以拓展我們身分的界線做更多事。

第五個要素就是逆境會讓你變成更好的人。

第六個則是：完美永遠無法達到，彷彿永遠遙不可及。當我對我做的事有熱情，可能與不可能的界線會消失。我不知道它是否存在，但是我再也感覺不到。

明瞭這些天生有心臟疾病的無辜孩子不是像我這樣的生還者；我反而才是像他們那樣的生存者，我感到幸福。

但最大的奇蹟，是這些事情湊在一起讓我發現我個人的最低潮，也是人生最艱苦的時刻：當我在垂死邊緣看著月亮從安地斯山升起。我的一切幸福在那一刻，在我才十九歲時清晰顯現。我的喜悅跟任何實物或可以贏得的東西無關。甚至不是活命的希望。我的幸福在於那個心靈的時刻，當我能夠擁抱月光感受它純白的光芒。那是永不黯淡的光明，讓我獲得力量並跟需要我幫助的人分享。誰猜得到呢？是山上的那道光持續照亮了我的道路，無論生死。那才是我的終極發現，那才道盡一切。

帕布羅・維爾奇的話

我認識羅貝托・卡尼薩幾乎一輩子了。我出生在烏拉圭蒙得維地亞的卡拉斯科區；他比我小兩歲半，就住在七十五碼外。我們上同一所學校，各自的父母輪流接送，我們在位於兩家正中間的同一處遊戲場玩耍長大。他很熱情又聰明，個性超群脫俗，即使還是小孩就令我驚訝。我們馬上變成好友，一生都很親近。

一九七二年，羅貝托搭乘的飛機墜落在安地斯山脈，我無法相信他和許多同學親友就此消失。那群橄欖球員散發出青春不朽的光環。但只有羅貝托、南多・帕拉杜和其他十四人生還。

在記者生涯中，我寫過很多文章設法說明一九七二年十月到十二月在山頂上到底發生了什麼事。二〇〇八年，我出版了《冰雪社會》（*La Sociedad de la Nieve*），書中十六名生還者講述自己的經歷，不只提供發生的事實（如同《我們要活著回去》），並且得以一窺他們內心的掙扎。

我為了寫書訪談羅貝托的過程中，他來找我丟出一個主意：他要我幫忙探究他在山上的苦難如何影響他人生道路的全貌。我同意合作這項計畫。這對我是一大挑戰。這些年來我對他的敬意變成深深的崇拜，不只因為一九七二年發生的事，也因為他往後人生所做的事。

整理書稿時，首先最重要的，我訪談羅貝托在安地斯山上和後來當醫師的經歷。然後我和他的家人聊天，加上涉及救援的各方人士。最後，我訪談他的許多病患及家屬，還有什麼比他歷年來接觸過的人現身說法，更能解釋他的小兒心臟科醫師生涯呢？羅貝托從不出席這些訪談，避免他在場影響到他們的記憶。

整個過程中，我尋求真心誠意的證詞，以探索這個人是如何被多年前他在山上的苦難所鍛鍊，以及那段經歷又如何塑造他後來成為傑出的醫生。

感謝您購買 **我要活下去：**安地斯山空難如何啟發我拯救生命的天職

為了提供您更多的讀書樂趣，請費心填妥下列資料，直接郵遞（免貼郵票），即可成為奇光的會員，享有定期書訊與優惠禮遇。

姓名：＿＿＿＿＿＿＿＿＿ 身分證字號：＿＿＿＿＿＿＿＿＿

性別：☐女 ☐男 生日：

學歷：☐國中（含以下） ☐高中職 ☐大專 ☐研究所以上

職業：☐生產\製造 ☐金融\商業 ☐傳播\廣告 ☐軍警\公務員

☐教育\文化 ☐旅遊\運輸 ☐醫療\保健 ☐仲介\服務

☐學生 ☐自由\家管 ☐其他

連絡地址：☐☐☐ ＿＿＿＿＿＿＿＿＿＿＿＿＿＿＿＿＿＿

連絡電話：公（ ）＿＿＿＿＿＿＿＿ 宅（ ）＿＿＿＿＿＿＿＿

E-mail：＿＿＿＿＿＿＿＿＿＿＿＿＿＿＿＿＿＿＿＿＿＿

■您從何處得知本書訊息？（可複選）

☐書店 ☐書評 ☐報紙 ☐廣播 ☐電視 ☐雜誌 ☐共和國書訊

☐直接郵件 ☐全球資訊網 ☐親友介紹 ☐其他

■您通常以何種方式購書？（可複選）

☐逛書店 ☐郵撥 ☐網路 ☐信用卡傳真 ☐其他

■您的閱讀習慣：

文　學 ☐華文小說 ☐西洋文學 ☐日本文學 ☐古典 ☐當代

☐科幻奇幻 ☐恐怖靈異 ☐歷史傳記 ☐推理 ☐言情

非文學 ☐生態環保 ☐社會科學 ☐自然科學 ☐百科 ☐藝術

☐歷史人文 ☐生活風格 ☐民俗宗教 ☐哲學 ☐其他

■您對本書的評價（請填代號：1.非常滿意 2.滿意 3.尚可 4.待改進）

書名＿＿ 封面設計＿＿ 版面編排＿＿ 印刷＿＿ 內容＿＿ 整體評價＿＿

■您對本書的建議：

請沿虛線剪下

Lumières
奇光出版
客服電話：0800-221029
傳真：02-86671065
電子信箱：lumieres@bookrep.com.tw

請沿虛線對折寄回

廣	告	回	函
板橋郵局登記證			
板橋廣字第10號			

信　函

231
新北市新店區民權路108-4號8樓

奇光出版　　收

請沿虛線剪下